Einstellungstest der Polizei

Das sportliche Eignungsauswahlverfahren

Herausgegeben von: Gerrit Hosenfeld und Stefan Kowalski

Herstellung und Verlag:
Books on Demand GmbH, Norderstedt
ISBN: 978-3-8423-0717-9

Vorwort

In jedem Jahr bewerben sich tausende junger Männer und Frauen für einen Ausbildungsplatz bei den Polizeien der Länder und des Bundes. Die Gründe für die Wahl des angestrebten Berufes sind hierbei meist ebenso unterschiedlich, wie die Persönlichkeiten der einzelnen Bewerber selbst. Streben die einen danach, für Recht und Ordnung in Deutschland einzustehen und das Gesetz in der Öffentlichkeit durchzusetzen, so möchten andere sich oftmals nur eine krisensichere und außerdem recht gut bezahlte Existenz sichern. Wie auch immer die Motivation der Bewerberinnen und Bewerber für eine Einstellung in den Polizeidienst gelagert ist, letztlich steht fest, dass der Beruf des Polizeibeamten alles andere als eintönig oder gar langweilig ist. Im Gegenteil!
Dieser Beruf verlangt den Beamtinnen und Beamten täglich einiges ab und ist sowohl physisch als auch psychisch oftmals eine wirkliche Herausforderung. Hierbei spielt es kaum eine Rolle, ob man bei der uniformierten Schutzpolizei, der Kriminalpolizei oder auch bei der Wasserschutzpolizei zum Einsatz kommt. Jeder Bereich der Polizeiarbeit hält nahezu täglich einige Aufgaben parat, die von den Polizistinnen und Polizisten nicht selten ein Höchstmaß an Konzentration und geistigem Geschick aber auch an körperlicher Beweglichkeit und Ausdauer erfordern.
Um es kurz zusammenzufassen: dieser Beruf ist wohl einer der abwechslungsreichsten und interessantesten Berufe, die man in der Bundesrepublik Deutschland

erlernen kann. Nicht zuletzt aus diesen Gründen sind auch die Anforderungen an die zukünftigen Polizeibeamtinnen und Polizeibeamten sehr hoch gesteckt. Neben einem grundlegenden Notendurchschnitt in bestimmten Schulfächern wie Deutsch, Mathematik und Sport werden die Bewerberinnen und Bewerber in einem mehrtägigen Eignungsauswahlverfahren auf Herz und Nieren geprüft und bewertet bevor sie überhaupt in ein Ausbildungsverhältnis übernommen werden. Dieses Auswahlverfahren beinhaltet zunächst eine genaue polizeiärztliche Untersuchung, bei der die Polizeidiensttauglichkeit aus medizinischer Sicht überprüft und sichergestellt wird. Außerdem erwartet die Bewerber ein umfassender theoretischer Prüfungsteil, indem unter anderem das logisch-analytische Denkvermögen, das Allgemeinwissen, die deutsche Rechtschreibung und auch das mathematische Grundverständnis geprüft werden. Zu diesem Prüfungsteil bietet der deutsche Buchhandel bereits umfassendes Vorbereitungsmaterial und sehr gute Fachliteratur.

Das hier vorliegende Buch beschäftigt sich ausschließlich mit dem dritten und letzten Teil des Einstellungstests, dem sportlichen Eignungsauswahlverfahren für den Polizeivollzugsdienst, bei dem neben der physischen Eignung auch der Leistungswille und die körperliche Ausdauer der Bewerber überprüft werden sollen. Nun sollte man meinen, dass auch dieser Teil bereits Thema unzähliger literarischer Meisterwerke sein muss. Dem ist allerdings nicht so. Die Bewerberinnen und Bewerber mussten sich bislang auf die im Internet bereitgestellten Informationen der Polizeibehörden selbst oder auf ungenaue, mündlich überlieferte Erfahrungen ehemaliger Bewerber verlassen, wenn es um den sogenannten „Sporttest“ beim Auswahlverfahren ging.

Mit diesem Buch möchten wir den zukünftigen Polizistinnen und Polizisten unseres Landes einen genauen Überblick über die sportlichen Auswahlverfahren der verschiedenen Bundesländer geben und ihnen außerdem eine detaillierte Hilfestellung bei der Vorbereitung auf die einzelnen Übungen und Disziplinen bieten. Durch ein gezieltes und leistungsoptimiertes Aufbau- und Konditionstraining soll der Leser des Buches innerhalb von maximal drei bis sechs Monaten an seine persönliche Bestleistung herangeführt werden. Das Bestehen des sportlichen Eignungsauswahlverfahrens sollte anschließend kein großes Hindernis mehr darstellen. Wir wünschen schon jetzt viel Spaß und Erfolg beim Training für Ihr persönliches Ziel – Ihren Traumberuf.

Ihr Autorenteam

Gerrit Hosenfeld
Dozent im Gesundheitswesen

Stefan Kowalski
Fitness- und Ernährungstrainer

Inhaltsverzeichnis

Im Folgenden ersten Kapitel werden alle bekannten Prüfungsdisziplinen der einzelnen und von Bundesland zu Bundesland variierenden, sportlichen Eignungsauswahlverfahren behandelt und eingehend erklärt. In Kapitel 2 wird anschließend auf die optimale Vorbereitung, die leistungsorientierte Ernährung und die zwingend notwendigen Entspannungsphasen eingegangen. Außerdem wird dem Leser ein Trainingsplan für ein 3-monatiges Intensivtraining zur Verfügung gestellt. In Kapitel 3 werden abschließend die Einstellungstests der einzelnen Bundesländer samt aktuell gültigen Bewertungslisten aufgeführt.

1. Disziplinen

1.1 Cooper-Test

Der *Cooper-Test* wurde nach dem amerikanischen Sportmediziner Kenneth H. Cooper benannt und ist ein bundesweit anerkannter Test zur Überprüfung der allgemeinen Ausdauer. Es handelt sich hierbei um einen zeitlich auf 12 Minuten begrenzten Dauerlauf, bei dem die in der vorgegebenen Zeit maximal zurückgelegte Strecke ermittelt und bewertet wird. Der Bewerber muss sich selbst oder die eigene Leistung sehr gut einschätzen können, um nicht zu früh Laktat aufzustauen und anschließend in eine anaerobe Trainingsphase zu gelangen(vgl.Teil 2). Gleichzeitig darf aber auch nicht zu langsam gelaufen werden, um eine möglichst weite Strecke zurückzulegen und damit eine hohe Punktwertung zu erreichen.

Als grobe Richtlinie für eine mittelmäßige bzw. durchschnittliche Leistung von Männern und Frauen können folgende Werte angesehen werden:

Männer: 2800 Meter Frauen: 2400 Meter

1.2 Kasten-Bumerang-Test

Der *Kasten-Bumerang-Test* dient zur Überprüfung von Gewandtheit, Gleichgewichtssinn und Orientierungsfähigkeit. Der Sportler beginnt den Test mit einer Vorwärtsrolle aus dem Stand. Anschließend gilt es in möglichst kurzer Zeit immer wieder um ein in der Mitte des Parcours aufgebauten Medizinball herumzulaufen und drei, in verschiedenen Winkeln zum Startpunkt aufgestellte Kastenteile zu überspringen und anschließend durch sie hindurch zu kriechen.

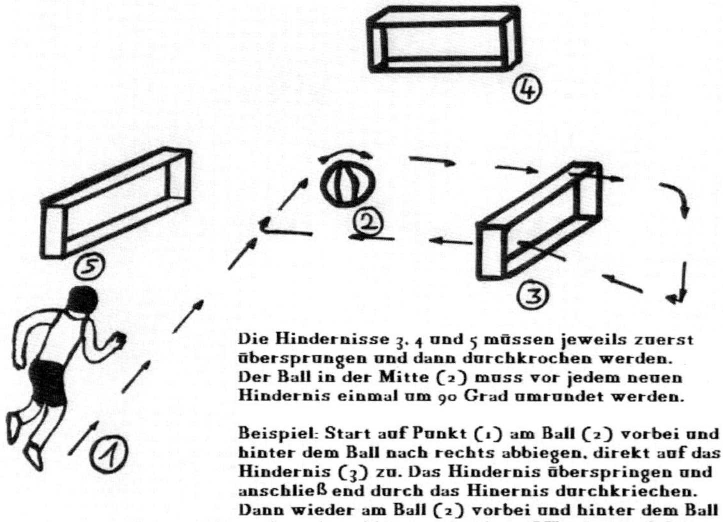

Als Richtwert sollte im Training eine Zeit zwischen 20 und 22 Sekunden anvisiert werden. Für das vorbereitende Training ist es nicht unbedingt notwendig, über Trainingsgeräte wie Kasten oder Medizinball zu verfügen.

1.3 Standweitsprung

Als *Standweitsprung* bezeichnet man einen Weitsprung aus dem Stand heraus. Im Gegensatz zum gewöhnlichen Weitsprung in einer Sandgrube wird diese Disziplin also ohne Anlauf durchgeführt.
Der Standweitsprung kann sowohl auf einer Matte als auch auf gewöhnlichem Hallenboden oder Teer ausgeführt werden. Die Durchführung in einer Sandgrube ist generell auch möglich, wird aber wegen der Ungenauigkeit bei der anschließenden Distanzmessung kaum angewandt.

Der Bewerber stellt sich auf das Absprungbrett oder eine Absprungmarkierung. Die Beine werden leicht gebeugt, die Arme gleichzeitig zum Schwung holen genutzt. Nun geht der Sportler leicht in die Hocke und nimmt seine Arme hinter den Körper. Der Sportler springt mit beiden Beinen gleichzeitig ab und reißt die Arme dabei nach vorne bzw. nach oben. Der Sportler landet abschließend mit beiden Beinen auf dem Boden.
Je horizontaler der Sprung, desto weiter die erreichte Distanz. Anders als beim normalen Weitsprung ist hier die Mitarbeit der Arme extrem wichtig!
Als Trainingsrichtwert sollte eine Distanz von 2,10 Metern dienen.

1.4 Sprunglauf / 5er-Sprung

Beim *5er-Sprunglauf* erfolgt der erste Absprung aus dem Stand heraus. Danach wird abwechseln mit dem linken und rechten Bein weitergesprungen, bis insgesamt fünf Sprünge gemacht wurden. Ziel dieser Disziplin ist es, mit insgesamt fünf Sprüngen eine möglichst weite Distanz zu überwinden.
Mit dieser Disziplin werden die allgemeine Sprungkraft, die Schnellkraft und Gelenkstabilität des Sportlers überprüft.

Als Richtwert im vorbereitenden Training sollte eine Distanz zwischen 10,00 und 11,50 Metern angestrebt werden.

1.5 Dreiersprung / Dreierhopp

Für den Dreiersprung/Dreierhopp gelten die gleichen Richtmaße wie für den 5er-Sprunglauf. Die Distanz verringert sich dementsprechend. Die Vorbereitung unterscheidet sich nicht.

Als Richtwert für das Training sollte eine Distanz zwischen 7,50 und 8,50 Metern angestrebt werden.

1.6 Liegestütze

Die Disziplin *Liegestütz* wird bei einigen Polizeibehörden als Alternative zum klassischen Bankdrücken gefordert. Liegestütze dienen zur Kräftigung von Brust-, Arm-, Schulter-, Bauch-, Rücken-, Gesäß- und Beinmuskulatur. Eben diese Muskelpartien können also durch diese Übung auch überprüft werden. Allerdings kann es aufgrund der stark angewinkelten Hände zu einer Schädigung der Handgelenke kommen, weshalb dem Liegestütz oftmals das Bankdrücken alternativ vorgezogen wird, wenn es um eine behördliche Einstellungsüberprüfung geht.

Der Bewerber streckt seinen Körper, die Hände befinden sich etwas über Schulterbreite voneinander entfernt am Boden. Die Finger zeigen nach vorne, die Arme sind gestreckt. Nun werden beide Arme gleichzeitig gebeugt, bis die Oberarme in einer waagerechten Position sind. Der Körper bleibt dabei gestreckt. Anschließend werden die Arme wieder gestreckt, bis die Ausgangsposition wieder erreicht wird.

(Ausgangsposition mit gestreckten Armen)

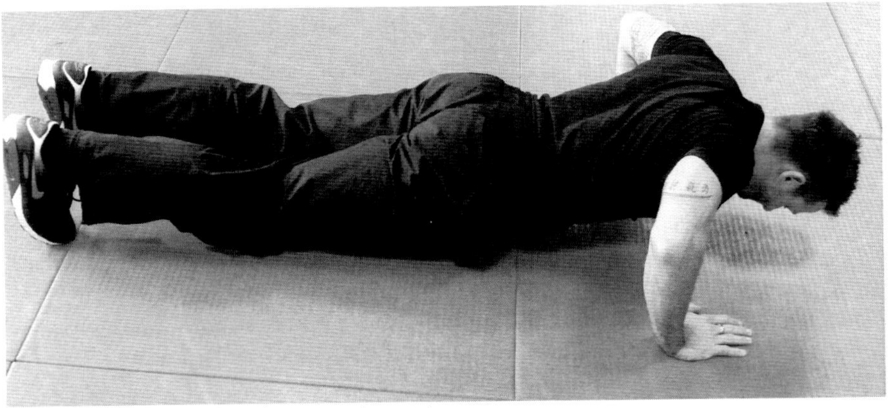

(Aktionsposition mit gebeugten Armen)

Als Richtwert für das Vorbereitungstraining sollten folgende Wiederholungszahlen angestrebt werden:

Männer: 40 Wiederholungen (ohne Pause)
Frauen: 20 Wiederholungen (ohne Pause)

Gezielte Trainings- und Vorbereitungsmöglichkeiten, sowie gezielte Aufbauübungen werden in Kapitel 2 dieses Buches aufgeführt.

1.7 Bankdrücken

Das *Bankdrücken* ist eine Disziplin aus dem Kraftsport, welche in erster Linie dazu dient, die Muskulatur der Brust, der Oberarme und des vorderen Schultergürtels aufzubauen. Im Rahmen der Einstellungstests werden damit eben diese Muskelpartien überprüft. Das Bankdrücken gilt als Grundübung im Krafttraining und kann alternativ oder auch ausgleichend zum klassischen Liegestütz trainiert werden.
Auf dem Rücken liegend wird die Hantelstange vom Bewerber mit beiden Händen umfasst. Ein Gewicht wird nun abgesenkt und anschließend wieder nach oben gedrückt.

(Ausgangsposition mit gestreckten Armen)

(Aktionsposition mit gebeugten Armen)

Als Richtwert für das Vorbereitungstraining sollten folgende Wiederholungszahlen und Gewichte angestrebt werden:

Männer: 30 Wiederholungen (35 Kilogramm)
Frauen: 20 Wiederholungen (25 Kilogramm)

Gezielte Trainings- und Vorbereitungsmöglichkeiten, sowie gezielte Aufbauübungen werden in Kapitel 2 dieses Buches aufgeführt.

1.8 Klimmzüge

Der *Klimmzug* ist eine Eigengewichtübung, bei der der Körper durch den Rücken in Zusammenarbeit mit den Armen an einer waagerechten Stange (Klimmzugstange) hochgezogen und wieder herabgelassen wird. Der Klimmzug ist eine Übung, die besonders viele Muskelgruppen gleichzeitig beansprucht, aber neben der reinen Beanspruchung der Muskulatur auch einen Ausdauereffekt erzielt. Der Bewerber umgreift eine waagerecht über dem Kopf angebrachte Stange und lässt seinen Körper ausgestreckt an der Stange hängen. Nun werden die Arme gebeugt und das eigene Körpergewicht somit nach oben gezogen. Durch zusätzliche Gewichte an den Beinen kann die Intensität der Übung verstärkt werden.

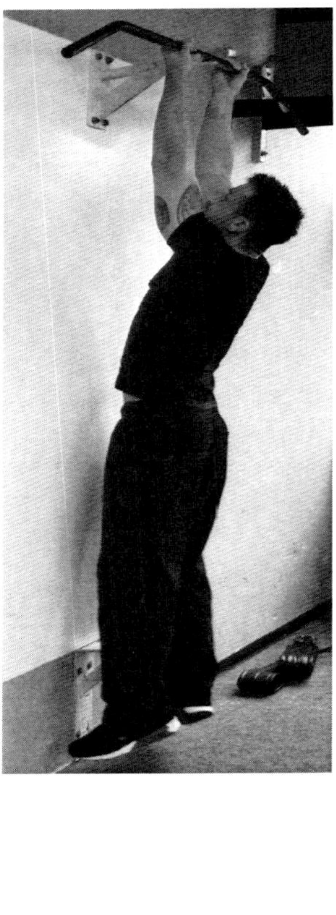

(Ausgangsposition mit gestreckten Armen)

(Aktionsposition mit gebeugten Armen)

Als Richtwert für das Vorbereitungstraining sollten folgende Wiederholungszahlen angestrebt werden:

Männer: 6-8 Klimmzüge
Frauen: 4-6 Klimmzüge

In vielen Fitnessstudios kann man sich mit Hilfe von gewichtsunterstützten Sportgeräten auf die freien Klimmzüge vorbereiten. Mehr dazu in Kapitel 2 dieses Buches.

Für Frauen gilt es in einigen Bundesländern eine abgeänderte Form des Klimmzuges zu absolvieren, den Schrägliegehang.

1.9 Rumpfbeugen (Sit-ups)

Unter *Sit-ups* oder oftmals auch *Rumpfbeugen* genannt, versteht man eine Übung, bei der man aus dem Liegen heraus den Oberkörper aufrichtet und wieder absenkt. Ursprünglich wurde diese Übung bevorzugt für das Training und die Stärkung der Bauchmuskulatur genutzt. Heute werden den klassischen Sit-ups allerdings die sogenannten Bauchpressen vorgezogen, da diesen den Rücken weniger beanspruchen und somit schonender für die Wirbelsäule sind.
Die Übung wird auf dem Rücken liegend und mit angewinkelten Beinen durchgeführt. Die Hände berühren beidseitig den Kopf. Nun zieht man mit Hilfe der Bauchmuskulatur den oberen Rücken nach oben und hebt ihn leicht vom Boden ab. Der Kopf darf bei dieser Übung nicht nach oben gezogen werden sondern bleibt gerade, damit die reine Kraft der Bauchmuskulatur genutzt wird. Danach wird der Oberkörper wieder in die Ausgangsposition gebracht. In einigen Bundesländern wird leider noch immer die klassische, nachweislich ungesunde, *Rumpfbeuge (Sit-up)* verlangt, bei der man den gesamten Oberkörper nach oben ziehen muss (siehe Fotos).

Als Richtwert für das Vorbereitungstraining sollten folgende Wiederholungszahlen angestrebt werden:

Männer: 30-40 Wiederholungen
Frauen: 25-30 Wiederholungen

In vielen Fitnessstudios kann man sich mit Hilfe von gewichtsunterstützten Sportgeräten auf die freien Klimmzüge vorbereiten. Mehr dazu in Kapitel 2 dieses Buches.

Ausgangsposition (entspannte Bauchmuskulatur)

Aktionsposition (angespannte Bauchmuskulatur

1.10 Pendellauf

Beim *Pendellauf* werden im Abstand von 10-25 Metern zwei Markierungen festgelegt. Der Bewerber muss nun die bis zu zehn Mal zwischen den beiden Markierungen hin und her laufen wobei die Markierungen jeweils überschritten oder mit einer Hand berührt werden müssen. Gewertet wird die benötigte Gesamtzeit.

Als Richtwert für das Vorbereitungstraining sollten je nach Länge und Ausrichtung des Parcours folgende Zeiten angestrebt werden:

Kleiner Pendellauf (8x 10 Meter) = 25-30 Sekunden
Großer Pendellauf (8x 25 Meter) = 65-70 Sekunden

Zur perfekten Vorbereitung benötigen Sie eine Stoppuhr und einige, farblich unterschiedliche Schnüre. Trainingsanleitung in Kapitel 2.

1.11 Wendelauf (500Meter)

Beim *Wendelauf* stehen im Abstand von 25 Metern zwei Hindernisse (z.B. Stangen), um die herumgelaufen werden muss.
Der Bewerber muss in möglichst kurzer Zeit die Gesamtdistanz von 500 Metern zurücklegen und dabei die Hindernisse immer wieder umrunden. Insgesamt wird die Einzelstrecke von 25 Metern demnach 20 Mal gelaufen. Die Übung ähnelt dem Pendellauf und unterscheidet sich lediglich durch die Gesamtdistanz.

Als Richtwert für das Vorbereitungstraining sollten folgende Zeiten angestrebt werden:

Männer: 2 Minuten und 20 Sekunden
Frauen : 2 Minuten und 40 Sekunden

Zur perfekten Vorbereitung benötigen Sie eine Stoppuhr und zwei Hindernisse (ggf. einfach Stöcke nutzen).

1.12 Achterlauf

Beim *Achterlauf* muss der Bewerber fünfmal in Form einer Acht um zwei Hindernisse herumlaufen und jeweils auf einem dritten, mittig platzierten Hindernis kurz Sitzkontakt aufnehmen. Außerdem muss am jeweiligen Schnittpunkt zwischen den beiden äußeren Hindernissen durch ein rechteckiges Kastenelement hindurch gekrochen werden. Diese Disziplin erfordert Ausdauer, Geschick und Koordinationsvermögen. Der Bewerber durchläuft die Disziplin auf Zeit.

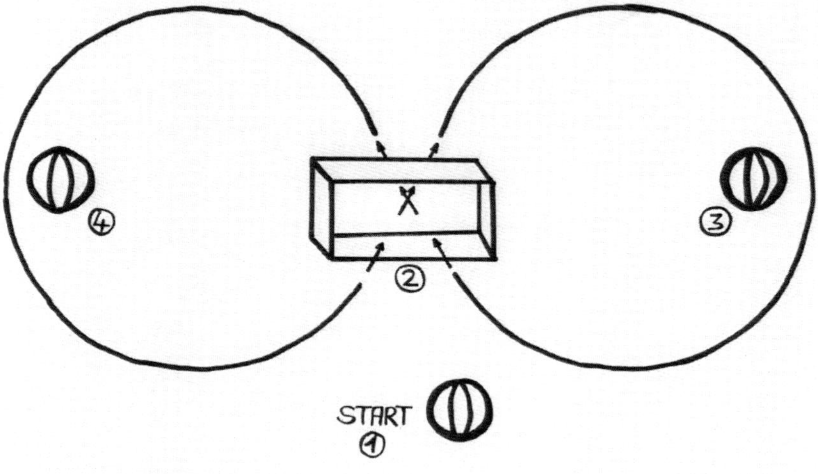

Als Richtwert für das vorbereitende Training gelten folgende Zeiten:

Männer: etwa 60,0 Sekunden
Frauen: etwa 70,0 Sekunden

Zur perfekten Vorbereitung benötigen Sie eine Stoppuhr, drei Hindernisse und idealer Weise einen Trainingspartner.

1.13 Hockwende

Bei der Hockwende springt der Bewerber bei aufgestützten Händen abwechseln links und rechts über ein ca. 90 Zentimeter hohes Hindernis (z.B. Kasten). In einer vorgegebenen Zeit gilt es möglichst viele Übersprünge zu schaffen. Hier werden Schnellkraft, Beweglichkeit und Körpergewandtheit des Bewerbers überprüft.

Als Richtwert für das vorbereitende Training gelten folgende Wiederholungszahlen, welche innerhalb einer Minute zu schaffen sein müssen:

Männer: 40 Wiederholungen
Frauen: 30 Wiederholungen

Zur perfekten Vorbereitung benötigen Sie einen 90 Zentimeter hohen Kasten und eine Stoppuhr.

1.14 Schlängellauf

Der *Schlängellauf* ist bei den Tests einiger Polizeibehörden Teil eines Gesamtparcours. Er dient lediglich dazu, die Wendigkeit und das Koordinationsvermögen der Bewerber zu überprüfen. Es werden im Abstand von 10 Metern zwei Markierungen festgelegt. Zwischen den Markierungen werden einige Kegel aufgestellt, welche der Bewerber in Schlangenlinie umlaufen muss. Der jeweilige Lauf um die Kegel beginnt und endet aus bzw. in der Bodenlage. In der Regel wird diese Übung auf Zeit durchgeführt und mit Punkten bewertet, die dann in eine Gesamtwertung einfließen.

Dieser mögliche Teil eines Eignungsauswahlverfahrens kann genau wie oben beschrieben geübt werden. Eine besondere Vorbereitung auf das Training ist in diesem Buch nicht vorgesehen.

1.15 Zirkeltraining / Circuit-Test

Unter einem sogenannten *Circuit-Test* versteht man ein gewöhnliches Zirkeltraining, bei dem man verschiedene, oftmals sehr unterschiedliche Stationen auf Zeit durchlaufen muss. Die Inhalte der verschiedenen Stationen sind dabei durch die jeweilige Polizeibehörde frei wählbar. Bei einem solchen Test soll neben Schnelligkeit und Ausdauer oftmals auch das Geschick des Bewerbers unter Zeitdruck getestet werden. Ein klassischer Parcours besteht in der Regel aus 4 bis 8 Einzelstationen. Bei Eignungstests für eine Einstellung in den Dienst von Spezialeinheiten können auch weit über 10 Stationen aufgestellt sein. Hierzu gibt es im Internet diverse Videos, die in den bekannten Videoportalen angesehen werden können.

Nachfolgend ein Beispiel für ein solches Zirkeltraining:

Station 1: Klimmzüge
Station 2: Liegestütze
Station 3: Sit-ups (Rumpfbeugen)
Station 4: Standweitsprung
Station 5: Schlängellauf
Station 6: Hockwende (beidbeinige Sprünge über einen Kasten)
Station 7: Sprintstrecke über 100 Meter

Ein solches Zirkeltraining kann in beliebigen Übungsvariationen aufgebaut sein. Der Bewerber muss einen solchen Testlauf entweder in möglichste geringer Zeit absolvieren (bei vorgegebener Wiederholungszahl der einzelnen Übungen) oder es gilt, an den einzelnen Stationen möglichst viele Wiederholungen zu schaffen.

1.16 Dauerlauf / Ausdauerlauf

Beim *Dauer- oder Ausdauerlauf* handelt es sich auf eine sehr oft geforderte Disziplin des polizeilichen Eignungsauswahlverfahrens. Entgegen dem „Cooper-Test“ muss hier nicht in einer vorgegebenen Zeit eine möglichst weite Strecke, sondern eine vorgegebene Strecke in möglichst geringer Zeit zurückgelegt werden. Die zu überwindende Distanz kann dabei 2000, 3000 oder auch 5000 Meter betragen (bei Eignungstest für die Verwendung in Spezialeinheiten sind meist sogar 12 Kilometer zurückzulegen).

Gemeinsam mit den anderen Teilnehmern startet der Bewerber in der Gruppe. Meist wird diese Übung in einer Sporthalle, auf dem klassischen Ascheplatz oder in der freien Natur ausgeführt. Als Ausschlusskriterium gilt neben einer zu schlechten Zeit auch die Überrundung durch andere Teilnehmer.

2. TRAININGSLEHRE

„Plane das Schwierige dann, wenn es noch leicht ist!“

Man hat sich also dafür entschieden, eine Karriere bei der Polizei zu beginnen und die erste Hürde wird der polizeiliche Eignungstest sein. Ein kleiner, aber leider oftmals unterschätzter Teil davon wird das sportliche Eignungsauswahlverfahren (EAV) sein.
Zunächst einmal sollte man tatsächlich genau diesen Fehler nicht machen, da gerade der auf den ersten Blick nicht sonderlich schwere Teil des Eignungstests jährlich einen Großteil der Bewerber aus dem Rennen wirft.
Sei es nun, dass man sich selbst für die größte Sportskanone auf diesem Planeten hält oder auch, dass man die allgemein falsche Denkweise vertritt, man schaffe sowieso alles. Aber hier ist Vorsicht geboten!
Nicht selten kommt es vor, dass Bewerber alle vorhergehenden Abschnitte des Eignungstests tadellos bestanden haben, dann aber im vermeintlich leichten Sportteil schlecht abgeschnitten oder sogar kläglich versagt haben.
Man muss hier also im besten Fall davon ausgehen, dass eine Prüfung, egal welcher Art, wesentlich besser und sicherer zu bestehen ist, wenn man darauf entsprechend gut vorbereitet ist, und für genau diese Vorbereitung auf das sportliche Eignungsauswahlverfahren der deutschen Polizeibehörden möchten wir Ihnen hier ein paar sehr nützliche Anregungen geben.

Grundsätzlich ist es so, dass man die bestmögliche, sportliche Leistungssteigerung in einer bestimmten Disziplin oder Übung erfährt, indem man genau diese Übung permanent trainiert und die damit verbundene Leistungssteigerung optimal ausnutzt. Wendet man dieses Grundkonzept nun auch für die Vorbereitung auf das sportliche Eignungsauswahlverfahren der Polizei an, so liegt man damit nur teilweise richtig. Entgegen der weit verbreiteten Meinung, dass es sich bei den im *EAV* geforderten Disziplinen <u>nur</u> um sehr leichte Übungen handelt, welche dementsprechend auch <u>nur</u> das allgemeine Ausdauervermögen testen oder eine <u>gewisse</u> Bewegungskoordination der Bewerber zeigen sollen, handelt es sich tatsächlich um eine genaue Überprüfung der sportlichen Einsatztauglichkeit, bei der neben Ausdauer und Kraft auch Disziplin, Motorik und Durchhaltevermögen gefordert sind. Das Vorurteil, welches besagt, dass eine Person mit dicken Muskelpaketen auch zwangsläufig derjenige ist, der jeder sportlichen Herausforderung automatisch besser gewachsen ist, sollte gerade hier von vornherein ausgeräumt werden, es ist schlichtweg falsch!

Im vorliegenden Leitfaden gehen wir von einem durchschnittlich sportlichen Menschen aus, der in einem Zeitraum von etwa acht bis zwölf Wochen eine zielorientierte Leistungssteigerung erfahren möchte. Weiteres Ziel ist es, sich zudem gezielt auf <u>alle</u> möglichen Disziplinen der sportlichen Eignungsauswahlverfahren von Bundes- und Länderpolizeien vorzubereiten. Um dieses Ziel zu erreichen wird das vorbereitende Training in folgende Untergruppen aufgeteilt:

- Konditions- und Ausdauertraining
- Kraftzuwachs- und Kraftausdauertraining
- Maximalkrafttraining
- Ernährungslehre
- Vorbereitungsplan (3Monate)

<u>Anmerkung:</u>

Die Vorbereitung auf ein solches Auswahlverfahren ist entscheidend einfacher, wenn der Bewerber sich in einem Fitness- oder Sportstudio vorbereiten kann. Manche Fitness- Studios bieten auch Wochenmitgliedschaften an.

2.1 Grundprinzipien

„Überwinde den inneren Schweinehund!“

Am Anfang eines jeden Trainings stehen die Motivation und der absolute Wille, das gewünschte Ziel zu erreichen.
Wenn man den Willen nicht hat, kann es nicht funktionieren. Man muss sich mental darauf polen, dass man ein Ziel hat und was es bedeutet, dieses Ziel zu erreichen. In unserem Fall ist das Ziel das Bestehen der Eignungstests und mit diesem Bestehen auch einen der begehrten Ausbildungsplätze zu bekommen. Mit diesem Ausbildungsplatz steht einem gesicherten Start in ein Berufsleben nichts mehr im Wege. Das sollte man sich immer vor Augen führen. Es fehlt nur noch der Einstieg in ein regelmäßiges Training. Diesen schafft man am besten, in dem man sich am Anfang aufschreibt, welche Ziele man sich vom Training erhofft, je konkreter, desto besser. In unserem Fall beispielsweise:

„40 Wiederholungen mit 40kg beim Bankdrücken“

Sofort sollte nun ein Trainingsplan für die ersten drei Trainingstage festgelegt werden, was den besten Weg zu einer gewissen Routine darstellt. Ihr Vorteil dabei ist, dass Sie den vorliegenden Leitfaden durchgearbeitet haben und damit schon genügend Anregungen für einen eigenen Trainingsplan bekommen haben. Neben dieser wichtigen Vorbereitung ist auch die konsequente Dokumentation der eigenen Übungen ein gutes Mittel, um sich selbst anzutreiben und den Kampf gegen den inneren Schweinehund vorwärts zu treiben. Kann man seine persönlichen Verbesserungen und Steigerungen im Training auf dem Papier gut nachvollziehen, dann steigt der Wille zum Sieg automatisch an, denn schließlich möchte man sich ja nicht wieder verschlechtern, nachdem man so hart gekämpft hat.

„Habe Freude an dem, was Du tust!“

Bei allem was man tut, sollten die Freude und der Spaß nicht zu kurz kommen. Nichts ist schlimmer, als das ganze Unternehmen als eine einzige Qual anzusehen. Sport sollte Spaß machen. Das Gefühl nach getaner Arbeit, etwas geleistet zu haben und dabei auch noch Erfolg gehabt zu haben, ist unbezahlbar. Und wenn es Leute gibt, denen die hier vorgegebenen Anregungen nichts bringen, sollten diese unbedingt ihre ganz persönliche Kreativität dazu nutzen, um den eigenen Körper dazu zu bringen, sich selbst zu fordern. In jedem Fall ist alles besser, als überhaupt nichts zu tun!

„Geh bis an Deine Grenzen und auch darüber hinaus!“

Wer sich keine wirklich hohen Ziele setzt, wird immer unter dem bleiben, was ihm eigentlich möglich wäre.
Wer sein Ziel immer nur an der Mindestforderungsgrenze ansetzt, wird nur schwer auch darüber hinaus Erfolg haben, im schlimmsten Fall sogar irgendwann ganz versagen.
Für den Sporttest sollte man bedenken, dass dort nicht nur einzelne Übungen abgefragt werden, sondern dass diese Übungen nacheinander abgeprüft werden. Was bringt es dann dem Bewerber, wenn er zwar das Bankdrücken perfekt beherrscht, anschließend aber nicht mehr die Kraft für einen zu bewältigenden Parcours aufbringen kann. Der Prüfungstag sollte als ein gesamtes Ganzes verstanden werden und demzufolge sind auch die Ziele des vorbereitenden Trainings entsprechend hoch anzusetzen.

„Sei immer äußerst diszipliniert!“

Dies bedeutet nichts anderes, als dass man das Training in der akuten Vorbereitungsphase auf das Eignungsauswahlverfahren nicht schleifen lassen sollte! Auch muss vermieden werden, dass man nach einem anfänglich hoch motivierten Trainingsstart auf einmal ins Trödeln kommt oder sich zu oft vom Training ablenken lässt. Die Vorbereitung auf eine Prüfung gehört schon zur Prüfung, zumal man während der anschließenden Ausbildung und im späteren Berufsleben sicherlich dieselbe Disziplin aufbringen muss. Somit kann schon die Vorbereitung auf das Auswahlverfahren als eine Art Test für all das angesehen werden, was den Bewerber nach dem Bestehen auch im Berufsleben erwartet.

„Ernähre Dich gesund und ausgewogen!“

Damit der Körper die angestrebte Leistung erbringen kann, sollte er dementsprechend versorgt und hin und wieder sogar für seine Leistungen belohnt werden.
Das altbekannte Beispiel eines Motors dient hier immer wieder als gut verständliches Schaubild. Es besagt Folgendes:

„Ohne Öl läuft ein Motor nicht rund - ohne Benzin läuft er gar nicht mehr!“

Und deswegen muss ein geistig und körperlich hart arbeitender Körper (Motor) auch mit ausreichend Vitaminen und Nährstoffen (Benzin) versorgt werden, damit alle Prozesse richtig ablaufen können.
(Diesem speziellen Themenbereich wird deswegen im Verlauf des Buches ein eigenes Kapitel gewidmet)

„Erholung tut gut und ist zwingend notwendig!"

Wenn man den Entschluss gefasst hat, sich auf die Prüfungen des Eignungsauswahlverfahrens vorzubereiten, dann steht auf der einen Seite ein gut durchdachtes und relativ straff organisiertes Trainingsprogramm, auf der anderen Seite aber darf die Erholung nicht außer Acht gelassen werden und schon gar nicht völlig zu kurz kommen. Der Körper braucht die Erholung, um beim nächsten Training wieder die volle Energieleistung bringen zu können.

Ein zu hohes Trainingspensum kann somit die Leistung verringern. Der Grund liegt darin, dass es gerade beim Muskeltraining zu zahlreichen mikroskopisch kleinen Rissen in der Muskulatur kommt. In der Erholungsphase wird dieses zerstörte Gewebe vom Körper repariert und verdickt. Diesen Anpassungsprozeß bezeichnet man auch als Superkompensation. Vernachlässigt man die benötigten Erholungsphasen oder lässt sie gar ganz aus, dann kann die Superkompensation nicht stattfinden und die Muskulatur nicht mehr die volle Leistung bringen. Das Training wird im weiteren Verlauf entsprechend schlechter.

2.2 Allgemeines Grundwissen

Nicht nur das Wissen, um die verschiedenen Übungen ist entscheidend, sondern auch, wie man sich auf diese Übungen richtig vorbereiten kann und wie im Zusammenhang damit der Körper und die Muskeln arbeiten. Somit sollte der Bewerber ein wenig Hintergrundwissen haben, um damit entweder seinen eigenen Trainingsplan aufstellen zu können oder unsere Anregungen in diesem Buch umzusetzen. Schon deshalb sollten jedem Leser die Vorteile des Kraft- und Ausdauersports auf Körper und Kreislauf aber nicht zuletzt auch auf das gesamte Wohlbefinden und die gesteigerte Leistungsfähigkeit des Menschen bewusst werden.

Leistung ist definiert als *Arbeit pro Zeit* und Arbeit dementsprechend *Kraft mal Weg*.

Für den Sportler folgt daraus, dass eine gesteigerte Leistung bei gleichem Weg eine erhöhte Aufbringung von Kraft bedeutet.
Durch das richtige Krafttraining kann man das Kraftniveau und damit seine eigene Leistungsfähigkeit erhöhen. Wer mehr Kraft hat, kann folgerichtig auch härter schwimmen oder schneller laufen. Auch kommt es durch mehr Kraft zu einer langsameren Ermüdung der Muskulatur, da diese Anstrengung gewohnt ist. Außerdem beugt eine gut ausgebildete Muskulatur gegen Verletzungen vor, und die ausführenden Bewegungen werden dynamischer. Je besser eine Muskulatur ausgebildet ist, umso weniger müssen Knochen, Bänder und Sehnen den Körper beim Laufen abfedern und werden somit geschont.

Kraftarten

Zunächst möchten wir hier die verschieden Arten der Muskelkraft vorstellen. Das Wissen um diese Grundlagen erleichtert danach ein Verständnis für die Trainingsmethodik.

Die Maximalkraft

Die Maximalkraft ist die größtmögliche Kraft, die der Muskel gegen einen Widerstand aufbringen kann. Trainiert wird sie mit hohen Gewichten und wenigen Wiederholungen. Sie hängt von der so genannten intra- und intermuskulären Koordination und der Größe des Muskelquerschnitts ab. Dabei ist die intramuskuläre Koordination das Zusammenspiel der Muskelfasern eines Muskels. Die intermuskuläre Koordination ist das Zusammenspiel von verschiedenen Muskeln. Intramuskuläres Training aktiviert synchron eine hohe Anzahl an motorischen Einheiten in der Muskulatur, was in der Folge zu einem Kraftzuwachs führt. Dabei kommt es jedoch nur zu einem geringen Muskelquerschnittzuwachs, da ein gezieltes Krafttraining aus einer geringen Wiederholungszahl und somit aus einer kurzen Belastungsdauer für den Muskel besteht.

Die Maximalkraft wird auch als Basiskraft bezeichnet, da ihr alle anderen Kraftarten untergeordnet sind, und die Größe der anderen Kraftarten von der Größe der Maximalkraft abhängen. Sie stellt die Grundlage für die Kraftausdauer und die Schnellkraft dar und wird in zwei Kategorien unterteilt. Die dynamische Maximalkraft (z.B. Stoßkraft) tritt innerhalb von Bewegungen auf, während die statische Maximalkraft (z.B. Haltekraft) die größtmögliche Kraft darstellt, die gegenüber einem statischen Widerstand ausgeübt werden kann. Mit verbesserter Maximalkraft werden pro Nervensignal immer zahlreichere Muskelfasern gleichzeitig kontrahieren und somit eine größere Kraft entfalten.

Die Kraftausdauer

Grundlage der meisten Sporttests der Polizei ist die Überprüfung einer gesteigerten Kraftausdauer.

Kraftausdauer ist die Ermüdungswiderstandsfähigkeit der Muskeln bei lang andauernden oder sich wiederholenden Kraftleistungen. Genauer gesagt ist die Kraftausdauer die Fähigkeit, eine Kraftleistung über möglichst lange Dauer zu erbringen. Für das Training bedeutet das den Einsatz von niedrigen Gewichten mit einer höheren Wiederholungszahl.
Der Energiestoffwechsel und die Art der Energiebereitstellung sind entscheidend für die Kraftausdauerleistungsfähigkeit. Ziel des Kraftausdauertrainings muss es sein, die Bildung von Milchsäure (Laktat) im Muskel solange wie möglich hinauszuzögern.
Man unterscheidet zwischen aeroben (mit Sauerstoff) und anaeroben (ohne Sauerstoff) Stoffwechsel. Ob nun mehr Energie aerob oder anaerob bereitgestellt wird, kann man indirekt am Blutlaktatverhalten ablesen.
Laktat ist die Milchsäure die im Muskel bei intensiver Belastung entsteht, wenn die Muskulatur durch die Lunge und den Kreislauf nicht mehr genügend Sauerstoff zur Erfüllung des Energiebedarfes erhält. Außerdem stellt das Laktat das Endprodukt des anaeroben Stoffwechsels dar. Die Kraftausdauer wird aus trainingsmethodischen Gründen nach dem Kriterium der Größe des Krafteinsatzes unterteilt:

- Maximalkraftausdauer (hochintensive Kraftausdauer)

Über 75% der Maximalkraft bei statischer und dynamischer Arbeitsweise.

- mittelintensive Kraftausdauer

75-50% der Maximalkraft bei dynamischer Arbeit, bis 30% bei statischer Arbeit.

- Kraftausdauer (Ausdauerkraft)

50-30% der Maximalkraft bei dynamischer Arbeitsweise. In diesen Unterteilungen sind automatisch auch verschiedene Stoffwechsel und auch damit verbundene Arbeitsdauern des Muskels enthalten. Die Kraftausdauer wird weiter noch in Dynamische und Statische Kraftausdauer untergliedert um sie in den verschiedenen Bereichen erfassen zu können.

- Dynamische Kraftausdauer

Die Fähigkeit eines Muskels bei einer bestimmten Wiederholungszahl von Kraftstößen innerhalb eines definierten Zeitraumes, die Verringerung der Kraftstöße möglichst gering zu halten.

- Statische Kraftausdauer

Stellt die Fähigkeit eines Muskels dar, eine bestimmte Spannung mit möglichst geringem Kraftverlust über eine definierte Zeit aufrechterhalten zu können.

Die Schnellkraft

Schnellkraft ist die Fähigkeit, den Körper oder einzelne Körperteile mit maximaler Geschwindigkeit zu bewegen.
Sie wird beispielsweise durch Sprungübungen trainiert.
Das Schnellkraftverhalten ist für die richtige Technikausführung und Technikeffizienz in vielen Sportarten die entscheidende Komponente, vor allem weil hierfür die Geschwindigkeit, mit der eine Kraft Arbeit verrichtet (mechanische Muskelleistung), entscheidend ist. Das macht auch das Schnellkrafttraining zu einem wichtigen Inhalt im Training der meisten Sportarten.

Schnellkraftleistungen im Sport zielen also überwiegend auf das Erreichen einer maximalen Endgeschwindigkeit auf einem gegebenen Beschleunigungsweg ab. Je kürzer der Beschleunigungsweg ist, umso mehr wird die Endgeschwindigkeit von Start- und Explosivkraft abhängig. Je länger der Beschleunigungsweg ist, umso mehr kommt es auf eine langsam ansteigende Kraft an. So setzt man faktisch Schnellkraft mit der Kraftbildungsgeschwindigkeit gleich.

Die ***Schnellkraft*** beinhaltet also die Fähigkeit des Nerven – und Muskelsystems, Widerstände mit größtmöglicher Kontraktionsgeschwindigkeit zu überwinden.
Die wichtigste Komponente der Schnellkraft stellt somit wieder die Maximalkraft dar. Je größer die Maximalkraft, desto besser die intra- und intermuskuläre Kontraktion. Daneben spielen die Explosivkraft und die Startkraft eine wichtige Rolle.

Explosivkraft ist die Fähigkeit, einen möglichst steilen Kraftanstieg in möglichst kurzer Zeit zu erzielen.

Startkraft ist das Vermögen, diesen Kraftanstieg bei Bewegungsbeginn erbringen zu können.

2.3 <u>Kraft- und Ausdauertraining</u>

Der Unterschied zwischen reinem Krafttraining und dem speziellen Kraftausdauertraining ist, dass Krafttraining in erster Linie zur Steigerung der Kraftfähigkeiten und zur Erhöhung der Muskelmasse dient und dass Kraftausdauertraining hingegen die Widerstandsfähigkeit und Ausdauer des bereits trainierten Muskels steigert.
Für Absolventen eines Einstellungstests sind beide Komponenten sehr wichtig. Fordern einige der dort geprüften Disziplinen zum größten Teil pure Muskelkraft, so stehen dem ein Vielzahl von Übungen gegenüber, bei denen über einen bestimmten Zeitraum hinweg eine permanent präsente Muskelkraft gefordert ist. Hier ist also die Kraftausdauer gefragt. Doch wie trainiert man diese sehr unterschiedlichen Kraftkomponenten? Im folgenden Kapitel stellen wir einige Übungen vor, mit denen man sich gleichermaßen auf beide Kraftformen vorbereiten kann.

Als Trainingsgrundsatz gilt:

„Training mit hohen Gewichten und wenigen Wiederholungen dient dem Aufbau von Muskelmasse und der Steigerung der Kraft. Werden niedrige Gewichte und große Wiederholungszahlen gewählt, trainiert man die Kraftausdauer!“

Krafttraining

Beim Krafttraining erfolgt zunächst eine chronologische Anpassung verschiedener Körperfunktionen an das Training, die beim untrainierten Menschen wie folgt aussieht:

- Das *zentrale Nervensystem* (ZNS) passt sich dem Training an, indem es die Muskulatur anders ansteuert. Es verbessert die Koordination zwischen den einzelnen Muskeln bzw. der Muskelfasern innerhalb des Muskels
- Das *Herz-Kreislauf-System* passt sich daraufhin an, um die Muskulatur während und unmittelbar nach der Beanspruchung besser mit Blut, Sauerstoff und Nährstoffen zu versorgen
- Das *Stoffwechselsystem* passt sich nun ebenfalls an, um die Versorgung auch nach einer erhöhten Beanspruchung zu garantieren
- Als letztes passt sich dann die *Muskulatur* selbst an, indem sie die Muskelzellen und Muskelfasern erweitert und teilweise vermehrt. Der Muskelquerschnitt erhöht sich somit und der Muskel wächst in Breite und Dicke

Dieser komplexe Wachstumsvorgang betrifft allerdings nicht nur den Muskel selbst, sondern, bei gezieltem Krafttraining über längere Zeiträume auch andere Teile des Bewegungsapparats wie Sehnen, Gelenke und Knochen.

Das Training

Ein erfolgsorientiertes Krafttraining muss einigen, grundsätzlichen Anforderungen gerecht werden. So besteht es im Wesentlichen zunächst aus wichtigen Grundübungen, welche fast jeden Muskel des Körpers gleichermaßen beanspruchen müssen. Diese Grundübungen sind zum einen das Bankdrücken für die Brust- Schulter- und Trizepsmuskulatur, Kniebeuge oder Beinpresse für die Bein- und Rückenmuskulatur, sowie Kreuzheben oder Latziehen für die Rückenmuskulatur. Daneben könnten noch bestimmte Isolationsübungen für kleinere Muskelgruppen in den Trainingsplan integriert werden, welche aber in der Vorbereitung auf den Eignungstest jedoch erst einmal ausgelassen werden sollten.

Grundsätzlich sollte beim Kraftaufbautraining jeder große Muskel des Körpers wenigstens einmal pro Woche trainiert werden. Dabei können ohne Probleme innerhalb einer Trainingseinheit zwei voneinander unabhängige Muskelgruppen trainiert werden. Nur ein gezielt trainierter Muskel kann optimal wachsen!

<u>Trainingsbeispiel:</u>

Montag:	Schultermuskulatur und Beinmuskulatur
Dienstag:	Rückenmuskulatur und Armmuskulatur
Mittwoch:	Brustmuskulatur und Bauchmuskulatur
Donnerstag:	Ruhetag / Entspannung
Freitag:	Ausdauertag / Herz-Kreislauf-Training
Samstag:	Maximalkrafttraining / Supersätze
Sonntag:	Ruhetag / Entspannung

Dieses Trainingsbeispiel soll jedoch nicht abschließend für eine optimale Vorbereitung sein.
Nach dieser Woche kann der Trainingsplan wieder neu gestartet werden. Die Muskelgruppen können dabei frei variiert werden. Wichtig ist aber, dass beim normalen Kraftaufbautraining nie

Muskelgruppen parallel trainiert werden, die sich bei der Ausübung gegenseitig benötigen.

Beispiel: Brustmuskulatur & Trizepsmuskel

Beim Bankdrücken, der klassischen Übung zum Aufbau der Brustmuskulatur, wird automatisch auch der Trizeps benötigt. Die Folge davon ist, dass der Trizeps beim Training der Armmuskulatur am nächsten Tag nicht mehr voll beansprucht and damit auch nicht optimal trainiert werden kann. Der Muskel ist vorbelastet, somit fehlt die Erholungsphase und der Muskel ist anfälliger für Verletzungen. Ein unerholter Muskel übersäuert außerdem und kann somit nicht wachsen.

Ein weiterer, sehr wichtiger Aspekt des Krafttrainings ist die korrekte Ausführung jeder einzelnen Übung. Es nutzt nichts, wenn man mit einem relativ hohen Gewicht zwar eine hohe Wiederholungszahl erzielt, die Hälfte der Wiederholungen aber nicht korrekt ausgeführt werden. Grundsätzlich gilt, dass mit einer höheren Wiederholungszahl die Kraftausdauer gesteigert wird, während mit einer geringeren Wiederholungszahl (6 bis 8 Wdh.) die Muskulatur zum optimalen Wachstum gebracht wird.

Alle Übungen müssen in ihrer Ausführung zwingend korrekt ausgeführt werden! Nur so kann ein gezieltes Muskelwachstum bzw. eine optimale Kraftausdauer erreicht werden!

Anmerkungen zum Maximalkrafttraining

Ein Maximalkrafttraining birgt große Verletzungsrisiken und verzeiht keinen Fehler und sollte somit bevorzugt unter fachlicher Anleitung erfolgen.

Auf ein richtiges und langsames Aufwärmen der Muskulatur ist zu achten.

Auf Erholungspausen zwischen den schweren Sätzen von ungefähr drei Minuten ist ebenso zu achten.

Maximale Belastungen der Muskeln, Gelenke, Sehnen und Bänder dürfen nur über kurze Trainingszeiträume erfolgen, damit man keine gesundheitlichen Schäden durch Überlastung ausgesetzt ist. Maximalkrafttraining mit Spitzenbelastungen sollte höchstens über einen Zeitraum von 2-3 Wochen durchgeführt werden, danach muss die Trainingsbelastung auf ca. 60% bis 70% der Maximalkraft reduziert werden.

Die völlige Erschöpfung der Muskulatur ist zu vermeiden.

Die Übungen und Wiederholungen sind langsam und kontrolliert auszuführen.

Zu beachten ist, dass beim Heben eines Gewichtes auszuatmen ist, beim Senken eines Gewichtes ist einzuatmen. Hält man während der Belastung die Luft an, führt dies zur Pressatmung was wiederum die Blutgefäße zusammenpresst, so dass sich das Blut staut und sich der Blutdruck erhöht und wichtige Organe kurzfristig nicht mit genug Sauerstoff versorgt werden.

Ziel der Maximalkrafttrainingsmethode ist die Steigerung der Maximalkraft. Die Maximalkrafttrainingsmethode besteht aus zwei Teilen: dem Muskelaufbautraining und der Verbesserung der intramuskulären Koordination.

Durch Muskelaufbautraining soll der Muskelfaserquerschnitt erhöht werden. Eine Muskelfaser besteht aus mehreren Myofibrillen, die durch die Maximalkrafttrainingsmethode vermehrt werden können und somit die Dicke des gesamten Muskels beeinflussen. Diese Muskelfaserquerschnittsvergrößerung bezeichnet man als Hypertrophie.
Um einen maximalen Muskelzuwachs zu erzielen, müssen

bestimmte Punkte beachtet werden: Es wird mit einer hohen Wiederholungszahl und mittleren bis leichten Gewichten gearbeitet. Hierdurch wird die Reizdauer des Muskels angepasst. Der Intensitätsbereich sollte bei gerade einmal 40 bis 60% der Maximalkraft liegen. Die Übungen sollen zwischen 8 und 12 Wiederholungen beinhalten und langsam und ohne Unterbrechung durchgeführt werden.

Wenn bei der Maximalkrafttrainingsmethode die Wiederholungszahl über 12 steigt, muss das Trainingsgewicht erhöht werden. Wenn weniger als 8 Wiederholungen erreicht werden, muss dagegen mit einem leichteren Gewicht trainiert werden. Wenig Geübte sollten 3-5 Übungsserien ausführen. So wird nach und nach die Maximalkraft durch den kontrollierten Aufbau von Muskeln gesteigert.

Das Muskelaufbautraining allein steigert jedoch nur bedingt die Maximalkraft. Wichtig ist es außerdem die intramuskuläre Koordination zu verbessern. Das bedeutet, dass die höchstmögliche Zahl an Muskelzellen bei einer Bewegung aktiviert wird. Bei diesem Bestandteil der Maximalkrafttrainingsmethode wird im Gegensatz zum Muskelaufbautraining mit hoher Belastung gearbeitet und der Trainierende bewegt ein Gewicht in einem Bereich von 4- 6 Wiederholungen.

Für eine optimale Verbesserung der Kraft ist nur ein dehnfähiger Muskel prädestiniert, das bedeutet für die Praxis des Maximalkrafttrainings, dass die Übungen mit Dehnübungen verbunden werden sollten. Die hierdurch ausgelösten Anpassungsvorgänge in den Muskeln und Sehnen verhindern ein vorzeitiges Auslösen von Hemmungen bei Muskelkontraktionen.

Sobald jedoch die Intensität des jeweiligen Ausdauertrainings zunehmen, muss das Maximalkraft-Training deutlich reduziert werden, nämlich auf etwa 6 bis 8 Wiederholungen mit gleicher Last und Serienanzahl und maximal ein bis zwei Einheiten pro Woche. In den letzten zwei Wochen vor der Prüfung empfiehlt es sich das Maximalkrafttraining einzuschränken oder wegzulassen.

Ermittlung der Maximalkraft durch Wiederholungsmaximum

Bei dieser Technik wird die Maximalkraft über die Anzahl der maximal möglichen Wiederholungen bestimmt. Nach dem Aufwärmen wählen Sie ein Gewicht bei dem Sie mehrere Wiederholungen ausführen können. Die maximale Anzahl der korrekt ausgeführten Wiederholungen dient zur Ermittlung der Maximalkraft. Falls Sie mit dem Gewicht mehr als 20 Wiederholungen schaffen, sollten sie den Test nach einer Pause mit einem höheren Gewicht wiederholen.

Je niedriger die maximale Anzahl an Wiederholungen ist, umso genauer ist die Maximalkraft zu bestimmen.

Zur Bestimmung der Maximalkraft ist folgende Tabelle zu verwenden:

Bestimmung der Maximalkraft	
Wiederholungen	% der Maximalkraft
1	100 %
2	95 %
3 - 4	90 %
5 - 6	85 %
7 - 8	80 %
9 - 10	75 %
11 - 13	70 %
14 - 16	65 %
17 - 20	60 %
21 - 24	55 %

Geeignete Muskelgruppen für ein Maximalkrafttraining:

In erster Linie wird man die großen Muskelgruppen in das Maximalkrafttraining einbeziehen, also *Brust, Beine, Rücken.* Grundsätzlich eignen sich natürlich auch alle anderen Muskelgruppen für ein Maximalkrafttraining. Man sollte jedoch folgendes bedenken: Jedes Maximalkrafttraining stellt hohe Anforderungen an die Konzentration und birgt stets das Risiko eines frühzeitigen Verschleißes der mechanisch beteiligten Organe. Man sollte also solche Muskelgruppen bevorzugen, die zum einen häufiger benutzt werden und in deren Einsatz man sozusagen eine psychische Routine besitzt und die zum anderen auf Grund ihrer Größe nicht allzu verletzungsanfällig sind.

Fazit:

Maximalkraft-Training ist eine effektive Methode, um ein höheres Kraftniveau zu erreichen.

Ein höheres Kraftniveau wirkt sich positiv auf die Bewegungsökonomie aus.

Gegenüber dem reinen Kraftsportler ist das Training in Umfang und Intensität differenziert zu betrachten und an Ausdauersportler in etwas moderaterer Form anzupassen.

Anmerkungen zum Kraftausdauertraining

Um die Kraftausdauer zu trainieren, sollte in einem Bereich von 15-25 Wiederholungen gearbeitet werden.

Der Krafteinsatz sollte bei 50% der Maximalkraft oder darunter liegen.

Variabel ist nicht nur die Wiederholungszahl in einem Übungssatz, sondern auch die Anzahl der Sätze an sich, die Anzahl der Trainingseinheiten pro Woche, sowie die Länge der Pausen zwischen den einzelnen Sätzen.

Grundsätzlich sollte eine Pause zwischen den Sätzen in einem Kraftausdauertraining eine Zeit von zwei Minuten nicht überschreiten.

Die Kraftausdauer lässt sich auf der Grundlage der Maximalkraft verbessern.

Beim Kraftausdauertraining kommt es aufgrund des hohen Ausdaueranteils nicht zu einer Erhöhung des Muskelquerschnitts und somit auch nicht zu einer Erhöhung der Kraft, obwohl subjektiv das Empfinden entstehen könnte.

Durch Kraftausdauertraining wird der Stoffwechsel der Muskelzellen verbessert, wodurch diese bei einem Muskelaufbautraining wiederum besser wachsen können. Zusätzlich erholen sich die Gelenke beim Kraftausdauertraining von intensiverem Trainingsmethoden.

2.4 Konditions- und Ausdauertraining

Gerade für den Beruf des Polizeibeamten stellt das Training von Ausdauer und Kondition während des gesamten Berufslebens einen sehr wichtigen Bestandteil der persönlichen Fitness dar. Denn auch nach dem Bestehen des Einstellungstests müssen zukünftige Polizeibeamte beinahe täglich ein straffes Sportprogramm absolvieren, das fester Bestandteil der Ausbildung ist. Haben sie die Ausbildung hinter sich gebracht, beginnt der Einsatzalltag, der immer wieder ein gewisses Maß an Ausdauer und Kondition abverlangt. In diesem Kapitel behandeln wir aber zunächst die wichtigsten Grundlagen, um in kürzester Zeit einen annehmbaren Ausdauer- und Konditionsstand zu erreichen.

Was ist Ausdauer?

Unter Ausdauer versteht man in der Trainingswissenschaft die Widerstandsfähigkeit des Körpers gegen Ermüdung. Ausdauertraining soll also bewirken, dass eine bestimmte Belastung möglichst lange durchgehalten wird. Dabei ist die Ausdauer Grundvoraussetzung für fast jede Art der sportlichen Betätigung. Sie lässt sich verbessern durch regelmäßiges Training in einem Pulsbereich von 60- 90 Prozent der maximalen Herzfrequenz. Neben der Ausdauer gibt es noch weitere Konditionsfaktoren, die die Leistungsfähigkeit beeinflussen. Dies sind Kraft, Schnelligkeit, Beweglichkeit und Koordination.

Was bewirkt Ausdauertraining im Körper?

Grundsätzlich wirkt Ausdauersport positiv auf alle wichtigen Organe des menschlichen Körpers. Insbesondere Herz, Lungen und Gefäße werden permanent gefordert und verbessern dadurch neben den allgemeinen Vitalwerten auch die Sauerstoffversorgung des gesamten Herz-Kreislauf-Gefäßsystems. Ein positiver Nebeneffekt ist außerdem die Verbrennung von teilweise ungesunden

Fettreserven, welche als Energiebereitstellung für Muskelzellen dienen und bei Bedarf genutzt werden. Der Körper verbrennt Fett!

Welche Ausdauersportarten eignen sich für die Vorbereitung?

Da Ausdauersportarten auch einen relativ hohen Zeitaufwand mit sich bringen, werden sie sportlich weniger interessierten Menschen oftmals schnell langweilig oder auch zu aufwendig. Im Sinne der eigenen Gesundheit und mit dem Ziel des Bestehens eines Einstellungstests vor Augen, sollte man sich jedoch wenigstens in der akuten Vorbereitungsphase (3 Monate) selbst motivieren. Der eigene Körper aber nicht zuletzt auch die Ergebnisse des Auswahlverfahrens werden es letztlich danken.
Als Ausdauersportarten in der Vorbereitungszeit eignen sich zum Beispiel:

- Dauerlauf / Jogging
- Sprinttraining
- Radfahren
- Schwimmen
- Walking / Crosstrainer

Jede der vorgenannten Sportarten eignet sich im Wesentlichen optimal als Ausdauertraining. Es empfiehlt sich aber gerade für so genannte „*Sportmuffel*“ eine Kombination aus einigen der Sportarten in den persönlichen Trainingsplan aufzunehmen, um sich selbst möglichst viel Abwechslung zu ermöglichen und damit gezielt der Langeweile oder dem „Ausdauer-Frust“ entgegen zu wirken. Als optimale Vorbereitung mit Bezug auf das sportliche Eignungsauswahlverfahren sollte in jedem Fall der Dauerlauf in das Trainingsprogramm integriert werden, da er Bestandteil der meisten Einstellungstests ist (siehe „*Cooper-Test*“ etc.).
Im Folgenden beschreiben wir deshalb sehr genau das Training des Dauerlaufs. Es wird ein Aufbauplan vorgestellt, der das Training vom Anfänger bis in den Fortgeschrittenenbereich begleitet und

dabei auch auf die wichtigsten Trainingsgrundlagen, die nötige Ausrüstung und einige Teilaspekte der leistungsbezogenen Ernährung eingeht.

Wie kann ich herausfinden, wie gut meine Ausdauer ist?

Dafür eignen sich zum einen der Stufentest für gänzlich Untrainierte und zum anderen der Cooper- Test für Leute mit Grundlagenausdauer.
Da in der Vorbereitung auf den Cooper- Test hingearbeitet werden sollte, lässt sich somit auch an ihm im Vorfeld der Ausdauerstand ermitteln. Wie bereits beschrieben, ist dabei in 12 Minuten soviel Strecke zurückzulegen, wie möglich. Zur Ermittlung der Strecke ist am besten eine Pulsuhr mit Tempo- und Distanzmesser geeignet oder man geht auf eine Laufbahn um einen Sportplatz. Dort sind die Runden grundsätzlich 400 Meter lang.

Wie wichtig ist das Körpergewicht?

Beim Laufen nimmt das eigene Körpergewicht eine wichtige Rolle ein. Es muss mit jedem Schritt der Körperschwerpunkt aufwärts beschleunigt werden. Jedes Kilo Körpergewicht weniger lässt sich dementsprechend linear in mehr Tempo umsetzen.
Wenn man einen nicht allzu hohen Leistungsstand hat, lässt sich durch systematisches Training eine Leistungssteigerung bis zu 20 Prozent bei einer Vorbereitungszeit von 3 Monaten erreichen. Hat man einen höheren Leistungsstand, sollte man verstärkt auf die Ernährung achten, denn auf höherem Niveau ist eine Leistungssteigerung eher übers Abnehmen möglich.

Muss ich die Ausdauer immer gleich trainieren?

Vorteilhafter ist immer ein abwechslungsreiches Training, da dies die Motivation als auch die Leistung steigert. Ungewohnte Bewegungsmuster fordern den Körper und dieser passt sich mit erhöhter Leistungsfähigkeit an. Varianten im Training wären beispielsweise die Trainingshäufigkeit, die Dauer oder die Geschwindigkeit der Trainingseinheiten. Daneben können Intervalle, Kraftübungen oder Pausen eingeschoben werden, andere Techniken angewandt werden, oder es kann einfach das Gelände gewechselt werden.

Ist beim Ausdauersport eine Pulsuhr ratsam?

Grundsätzlich ist der Puls beim Ausdauertraining ein Merkmal für die Intensität der Belastung. Dementsprechend ist ein Herzfrequenzmesser fast unerlässlich für ein sinnvolles Training, um die Belastung während des Trainings zuverlässig zu kontrollieren und um die Intensität gezielt zu variieren.

Was ist unter dem Maximalpuls oder der maximalen Herzfrequenz zu verstehen?

Als Maximalpuls(maximale Herzfrequenz) wird die Zahl der Herzschläge pro Minute bei größtmöglicher körperlicher Belastung bezeichnet. Der Maximalpuls ist kein Gradmesser für die Leistungsfähigkeit, sondern der Basiswert, aus dem sich verschiedene Belastungsbereiche für die Trainingsgestaltung herleisten lassen.
Der Maximalpuls lässt sich mit guten Herzfrequenzmessern ermitteln oder alternativ mit folgendem Test: nach einem 10minütigen Aufwärmtraining läuft man, fährt Fahrrad oder schwimmt 5 Minuten sehr intensiv, wobei in der letzten Minute alles gegeben werden sollte. Am Ende liest man die Anzeige am Pulsmesser oder man misst den Puls am Handgelenk für eine Minute.

Welche Pulsfrequenz ist beim Training zu beachten?

Grundsätzlich lassen sich vier Pulsfrequenzzonen unterscheiden, die jeweils für andere Trainingsschwerpunkte maßgeblich sein können.
Regeneratives Training: die Pulsfrequenz sollte bei 50 bis 65 Prozent des Maximalpulses liegen. Es regt den Fettstoffwechsel an und es hat positive Auswirkungen auf Gesundheit und Wohlbefinden.
Fettstoffwechseltraining: dieses wird auch als Grundlagenausdauertraining bezeichnet, bei dem die Pulsfrequenz bei 65 bis 75 Prozent des Maximalpulses liegen sollte. Auch hier wird der Fettstoffwechsel aktiviert, die körpereigenen Fette sind die größten Energielieferanten, was einen besonders positiven Effekt für das Abnehmen hat.
Ausdauer- Fitness- Training: bei einer Pulsfrequenz von 75 bis 85 Prozent der maximalen Herzfrequenz wird die Grundlagenausdauer auf ein höheres Niveau gehoben. Dieser Bereich ist für die Prüfungsvorbereitung am wichtigsten und es sollte das Ziel sein, in diesem Bereich zu trainieren. Für das Training empfiehlt sich 45minütiges zügiges Training, Tempowechsel oder die Intervallmethode(siehe Seite 58), bei der zwischen Belastungs- und Erholungsphasen gewechselt wird.
Leistungsorientiertes Training: dabei liegt die Pulsfrequenz zwischen 85 und 90 Prozent des Maximalpulses. Ein entsprechendes wettkampforientiertes Training sollte aber eher nach langjährigem Grundlagenausdauertraining durchgeführt werden.

Auf was ist beim Atmen zu achten?

Um beim Laufen der Gefahr einer zu flachen Atmung und damit einhergehend einer zu geringen Sauerstoffzufuhr vorzubeugen, sollte die Atmung dem Schrittrhythmus angepasst werden. Dabei ist hauptsächlich auf eine vollständige Ausatmung zu achten, wodurch vor allem die Vitalkapazität der Lunge um ein Drittel erhöht werden kann. Es ist durch Mund und Nase zu atmen, da die Atmung nur über die Nase keine optimale Luftzufuhr gewährleistet.

Welchen Einfluss hat die Kraftausdauer für meine Ausdauer?

Ein Kraftausdauertraining verbessert die Koordination aller beim Bewegungsablauf beteiligten Muskeln. Wird in der Folge ein Laufstil ökonomischer, verbraucht man auch weniger Kraft. Bei verbesserter Kraftausdauer kann man auch flexibler auf zusätzliche Belastungen reagieren, ohne dass man den Laufrhythmus verliert. Zudem zählt bei Zwischen- oder Endspurts allein die Kraftausdauer, da mit ihrer Hilfe Leistungsreserven geschaffen werden, die nach einem anstrengen Prüfungstag noch einmal das Tempo steigern lassen können.

Die richtige Ausrüstung

Zum richtigen Training des Dauerlaufs gehört selbstverständlich auch das dafür notwendige Equipment. Je nachdem, wie intensiv man den Laufsport betreiben möchte, kann man auch die Auswahl der dafür notwenigen Ausrüstung gestalten.

Bekleidung
Je nach den äußeren Umständen (Sommer/Winter) empfiehlt es sich lockere, atmungsaktive Kleidung zu tragen, die einen Transport der Körperflüssigkeiten (Schweiß) nach außen zulässt, ohne aber dabei auch die körpereigene Wärme nach außen zu überführen. In jedem besseren Sportfachhandel erhält man dafür geeignete Funktionskleidung, die je nach Qualität im Preis stark variiert.

Laufschuhe
Der richtige Laufschuh ist der wichtigste Teil der eigenen Ausrüstung. Gerade hier sollte man bei der Anschaffung nicht sparen und sich vom Fachhändler ausgiebig beraten lassen. Ein

falsch ausgewählter Laufschuh, der beispielsweise zu klein oder nicht der Fußform angepasst ist, kann den gesamten Trainingserfolg negativ beeinflussen. Ein qualitativ hochwertiger Laufschuh ist zudem eine sinnvolle Investition für einen längeren Zeitraum, vorausgesetzt man ist kein Spitzensportler oder Marathonläufer. Es ist zu bedenken, dass man auch während der gesamten Ausbildungsphase einen ordentlichen Laufschuh gut gebrauchen kann.

Das Training

Gerade als Anfänger besteht für den Trainierenden nicht die Gefahr zu langsam zu laufen, sondern eher die, zu schnell zu laufen! Dabei ist es gerade am Anfang gar nicht wichtig, möglichst schnell zu laufen. Einzig und allein die Bewegung selbst ist der richtige Anfang! Beginnen Sie also im Gehtempo und achten Sie darauf nicht außer Atem zu kommen. Ruhiges und zügiges Gehen stellt den optimalen Anfang für das Lauftraining dar. Das richtige Tempo gewählt zu haben, sehen Sie daran, dass Sie während des Laufens nicht permanent tief nach Luft schnappen müssen, sondern sich problemlos unterhalten könnten. Am Ende des ersten Trainings sollten Sie nicht ausgepowert und energielos sein, sondern Sie sollten das Gefühl haben, dass Sie auch noch einige Kilometer mehr problemlos geschafft hätten.

Nun steigern Sie langsam aber konsequent die Trainingsintensität. Dem Gehen folgt ein kurzer, lockerer Dauerlauf, der ruhig wieder im zügigen Gehen enden kann. Wichtig ist, dass vor lauter Ehrgeiz, die Erholungsphasen nicht zu kurz kommen. Es ist ratsam anfangs nur an jedem zweiten Tag ein lockeres Ausdauertraining zu absolvieren, um den Körper langsam daran zu gewöhnen. Der Körper benötigt diese Ruhephasen zudem, um die körpereigenen Energiereserven wieder zu laden und erneut bereitzustellen. Mit der Zeit erweiten sich die Energiespeicher und verkürzen somit die nötige Erholungsphase. Neue Energie kann also früher wieder bereitgestellt werden.

Nach etwa einer Woche kann dann vom lockeren Dauerlauf in eine etwas straffere Laufform gewechselt werden. Wichtig ist es, dabei immer auf die richtige, hier also ruhige Atmung zu achten, nur dann ist das Training wirklich sinnvoll und zweckmäßig. Die Verlängerung der Laufstrecke sollte von Woche zu Woche nicht mehr als 10 Prozent betragen.

Der größte Fehler der meisten Anfänger ist es, das Lauftraining zu monoton, also ohne jegliche Abwechslung zu gestalten. Dies betrifft nicht die Umgebung oder Laufstrecke, sondern vielmehr die Dauer der Trainingszeiten. Es empfiehlt sich, gerade am Anfang der Vorbereitungszeit zu variieren.

<u>Ein kleines Beispiel:</u>

Montag:	30 Minuten lockerer Dauerlauf
Dienstag:	Ruhephase
Mittwoch:	45 Minuten lockerer Dauerlauf
Donnerstag:	Ruhephase
Freitag:	60 Minuten lockerer Dauerlauf
Samstag:	Ruhephase
Sonntag:	30 Minuten zügiger Dauerlauf

So, oder so ähnlich könnte das Anfängertraining aussehen. Für die Vorbereitung auf den Eignungstest ist jedoch auch an einen Krafttrainigspart zu denken, so dass vier Tage in der Woche Ausdauertraining für ungeübte Sportler zunächst zuviel sein werden.
Als Grundsatz gilt jedoch immer:

„Steigern Sie zunächst die allgemeine Ausdauer und erst dann die Geschwindigkeit!“

Haben Sie Ihre Ausdauer in den ersten *4 Wochen* deutlich erhöht, dann beginnen Sie damit, die Länge der Laufstrecken zu erhöhen, während Sie die Anzahl der Trainingseinheiten zunächst verringern.

Beispiel:

1. bis 4. Woche:	3x wöchentlich =	5-6 km Laufstrecke
5. bis 8. Woche:	3x wöchentlich =	7-8 km Laufstrecke
9. und 10. Woche:	2x wöchentlich =	9-10 km Laufstrecke
11. und 12. Woche:	1x wöchentlich =	11-12 km Laufstrecke

Um die Schnelligkeit zu steigern ist es außerdem ratsam die Einzelzeiten an bestimmten Wegpunkten mit den Gesamtlaufzeiten zu koordinieren. Von Training zu Training kann dann versucht werden, eine Zeitverbesserung zu erreichen. Das Sprinttraining fließt etwa ab der 3. Woche mit in das Lauftraining ein.

Sprinttraining

Da in einigen Einstellungstests auch die Geschwindigkeit und Sprintstärke der Teilnehmer getestet wird, empfiehlt es sich, neben dem Ausdauertraining ab und an ein separates Sprinttraining einzupflegen. Da solche *Intensivtrainings* allerdings die Verletzungsgefahr deutlich erhöhen, ist hier in besonderem Maße auf die korrekte Durchführung und ein ordentliches Aufwärmen vor der Trainingseinheit zu achten! Idealerweise nutzen Sie für solche Trainingseinheiten einen Ascheplatz oder die Laufbahn eines Sportstadions oder einer Schule. In jedem Falle ist die genaue Abmessung einer Strecke wichtig und sinnvoll.

Beginnen Sie damit, sich für etwa 15 Minuten locker warm zu laufen und dehnen Sie sich anschließend. Führen Sie nun auf einer abgemessenen Laufstrecke (z.B. 400 Meter Bahn) einen lockeren Dauerlauf durch. Legen Sie nun alle 100 Meter einen etwa 25 Meter langen Sprint ein und gehen anschließend wieder in den Dauerlauf über. Wiederholen Sie diesen Ablauf einige Male und beenden Sie dann Ihre Übung mit einem 15minütigen, langsamen Dauerlauf. Diese Übung sollten Sie in den ersten 8 Wochen mindestens einmal alle zwei Wochen und innerhalb der letzten 4 Wochen der Vorbereitung wöchentlich durchführen.

Sprinttrainingsplan:

1. bis 8. Woche = alle 14 Tage
9. bis 12. Woche = 1-2 Mal wöchentlich

Ein ähnliches Training ist übrigens auch beim Radfahren durchführbar. Hier können in den normalen Trainingsablauf immer wieder kurze Sprintstrecken integriert werden um die Sprintleistung zu steigern.

Trainingsmethoden beim Laufen

Langsamer Dauerlauf:
Dieser ist Basis für die Grundlagenausdauer und das optimale Tempo ist erreicht, wenn man sich dabei problemlos unterhalten könnte(Puls 65 bis 75 Prozent der max. Herzfrequenz).
Lockerer Dauerlauf:
Dieser wird zügig durchgeführt, ist anstrengend, aber noch nicht quälend und liegt bei einer Pulsfrequenz von 75 bis 85 Prozent der maximalen Herzfrequenz.
Schneller Dauerlauf:
Beim schnellen Dauerlauf liegt der Puls im Bereich von 85 bis 90 Prozent des Maximalpulses.
Tempolauf:
Hierbei wird ein hohes Tempo über eine längere Zeit durchgehalten, um beispielsweise ein bestimmtes Tempo zu trainieren. Der Tempolauf ist jedoch bei einer Pulsfrequenz von über 90 Prozent der maximalen Herzfrequenz vor allem für Wettkämpfer geeignet.

Intervalltraining:
Dieses Training wird von uns bevorzugt, und der Trainierende sollte besonderes Augenmerk auf diese Methode in der Vorbereitung legen.
Grundsätzlich soll bei dieser Trainingsmethode ein Wechsel des Lauftempos von schnell auf langsam, von langsam auf schnell vollzogen werden. Die langsamen Intervalle sind dabei so kurz zu halten, dass sich der Organismus nicht vollständig regenerieren kann und somit ein besserer Trainingsreiz gesetzt werden kann. Je nach Trainingsziel kann in einem Intervalltraining variiert werden. Kürzere und schnellere Intervalle verbessern die Schnellkraft, dementsprechend verbessern längere Intervalleinheiten die aeroben Fähigkeiten.
Die Belastungswechsel verbessern das komplette Herz-Kreislaufsystem, die Kraftausdauer, die Schnelligkeitsausdauer, die Laktattoleranz, den Laktatabbau, die maximale Sauerstoffaufnahme, und es kann zur Verbesserung und Ökonomisierung der Bewegungsabläufe und damit zum Training der inter- und intramuskulären Koordination beitragen.

<u>Beispiel:</u>

25 Min. Dauerlauf bei einer Pulsfrequenz von 65 % der maxHF.
3 Min. Sprint bei einer Pulsfrequenz von 70% der maxHF.
3 Min. sehr langsam laufen
3 Min. Sprint bei 80% der maxHF.
3 Min. sehr langsam laufen
3 Min. Sprint bei 85% der maxHF.
3 Min. sehr langsam laufen
25 Min. Dauerlauf zum Abschluss

2.5 Ernährung

Zur Vervollständigung der Thematik wollen wir nun auf das Thema Ernährung eingehen.
Es sei vorweggenommen, dass wir bei diesem Thema keinen Anspruch auf Vollständigkeit erheben, sondern nur einen kleinen Einblick in die komplexe Materie geben wollen. Das Thema Ernährung in Verbindung mit Sport kann ganze Bücher füllen und eine detaillierte Auseinandersetzung mit diesem Themenbereich würde den vorliegenden Rahmen sprengen. Des Weiteren gibt es etliche Theorien und dementsprechend auch Meinungsverschiedenheiten in diesem Themenkomplex, so dass nachstehende Informationen gerne auch als Diskussionsgrundlage verstanden werden dürfen.
Wir haben die wichtigsten Grundinformationen zusammengetragen und besonderes Augenmerk auf die Vorbereitungsphase der Sporttests gelegt.

Falsch wäre es für jeden ernsthaften Sportler, dieses Thema zu vernachlässigen. Nicht selten besteht die Vorstellung, dass Essen nur zum Stillen des Hungers und zum Genuss herangezogen werden sollte. Ernährung macht einen wichtigen Bestandteil der Leistungsfähigkeit aus und kann am Ende über Bestehen und Nichtbestehen einer sportlichen Herausforderung entscheiden.
Wer also seine Leistung steigern will muss neben einem regelmäßigen Training auch auf die Ernährung achten, denn sie liefert den Kraftstoff für Höchstleistungen.

Grundsätzliches

In unserem Körper finden sowohl aufbauende(anabole) als auch abbauende(katabole) Vorgänge statt, so dass sich daraus ein ständiges Absterben und Erneuern von Körperzellen und den darin enthaltenen Substanzen ergibt. Der aufbauende Vorgang sowie jede

Art von körperlicher Aktivität benötigt dementsprechend Nährstoffe und Energie, die grundsätzlich über die Nahrung gewonnen werden müssen.

Unserer Nahrung ist in verschiedene Nahrungsbestandteile zu unterteilen.
Die Hauptbestandteile sind Eiweiß(Protein), Fette, Kohlenhydrate und daneben Vitamine und die essentiellen Mineralstoffe, weiterhin auch Ballaststoffe sowie Geruchs- und Geschmacksstoffe.

Kohlenhydrate

Die Kohlenhydrate sind die wichtigsten Energielieferanten für den menschlichen Organismus und den Stoffwechsel und können in Form des „Muskeltreibstoffes" Glykogen in Leber und Muskeln gespeichert werden. Zu unterscheiden sind Einfachzucker(z.B. Obst, Honig) Zweifachzucker(Süßwaren, Haushaltszucker), wasserlösliche Saccharidgemische und Vielfachzucker(Kartoffeln, Reis, Brot, Nudeln). Sind die begrenzten Speicher gefüllt, kann eine übermäßige Kohlenhydrateinnahme dazu führen, dass überschüssige Kohlenhydrate in Fett umgewandelt werden. Deswegen ist zum einen wichtig, dass man beim Verzehr auf die Art des Kohlenhydrats achtet, zum anderen auf die zugeführte Menge und nicht zuletzt auf die Tageszeit der Einnahme.
Weitgehend zu verzichten ist auf die Einnahme von weißem Zucker oder einfachen schnell aufnehmbaren Kohlenhydraten als vermeintlichen Energiespender. Diese werden so schnell vom Körper aufgenommen, dass der Blutzuckerspiegel rapide ansteigt, in der Folge wird jedoch das Hormon Insulin zum Abbau des Blutzuckers ausgeschüttet. Das Insulin sorgt dafür, dass der überschüssige Zucker aus dem Blut abtransportiert und in Form von Glykogen in der Leber festgehalten und gespeichert wird und somit der Blutzuckerspiegel gesenkt werden kann. Problematisch ist nur, dass das Insulin die Zuckerrückgabe aus dem Leberglykogen verhindert, auch wenn der Spiegel wieder seinen Normalzustand

erreicht hat und zur Vermeidung weiteren Absinkens eigentlich Nachschub aus der Leber benötigt. In der Folge sinkt der Blutzucker weiter ab und liegt nach kurzer Zeit tiefer als vor der Einnahme, was wiederum ein Gefühl geistiger und körperlicher Antriebslosigkeit oder ein erneutes Hungergefühl nach sich ziehen kann. Daraus ergibt sich, dass zu einer bestmöglichen sportlichen Leistungsfähigkeit möglichst frisches Obst, Gemüse, Salate, Vollkornbrot oder getrocknete Früchte herangezogen werden müssen, da die darin enthaltenen Kohlenhydrate nur langsam ins Blut gelangen. Einzuschränken ist der Verzehr von Weißmehl, Süßigkeiten, reinen Fruchtsäften oder jede Art von Süßgetränken.
Am Prüfungstag kann dennoch Traubenzucker hilfreich sein, da bei sportlicher Betätigung Adrenalin und Noradrenalin die oben beschriebene Ausschüttung von Insulin verhindern und der Traubenzucker länger wirken kann.

Eiweiß(Protein)

Eiweiß ist der wichtigste Baustein der Zellen. Muskeln bestehen zu einem großen Teil aus Eiweiß, zudem bestehen zahlreiche für den Stoffwechsel benötigte Substanzen wie Hormone und Enzyme aus Eiweißbausteinen, den so genannten Aminosäuren. Außerdem stabilisiert Eiweiß den Blutzuckerspiegel. Wenn man zu jeder Mahlzeit Eiweiß kombiniert, steigt der Blutzuckerspiegel nicht so schnell, was wiederum Heißhungerattacken vorbeugt. Obst mit Joghurt, Käse und Gemüse oder Salat mit Fisch oder Fleisch sind Beispiele für solch eine Kombination.
Um Muskeln aufbauen zu können, muss dem Körper mehr Eiweiß zugeführt werden als dieser verbraucht.
Grundsätzlich unterscheidet man zwischen pflanzlichen und tierischen Eiweißen. Die Unterscheidung erfolgt über die so genannte biologische Wertigkeit. Diese sagt aus, inwieweit die Zusammensetzung des Nahrungseiweißes dem Baumuster des menschlichen Körpereiweißes entspricht. Somit kommt es für den Aufbau von körpereigenem Eiweißes nicht nur auf die verabreichte

Menge des Eiweißes an, sondern es müssten alle essentiellen Aminosäuren enthalten sein.
Bekannt ist, dass tierisches Eiweiß aus Fleisch- und Milchprodukten eine höhere biologische Wertigkeit hat als pflanzliches Eiweiß beispielsweise aus Hülsenfrüchten, Getreide oder anderem Gemüse. Im Ergebnis bedeutet dies, dass der Körper aus der gleichen zugeführten Menge an pflanzlichen und tierischen Eiweiß aus letzterem eine größere Menge an körpereigenem Eiweiß aufbauen kann. Zu beachten ist dabei jedoch, dass es bei Zufuhr von tierischem Eiweiß gleichzeitig auch zur Aufnahme unerwünschter Begleitstoffe wie Cholesterin oder Fett kommen kann. Deshalb sollte auf Nahrungsmittel zurückgegriffen werden, die nur wenige dieser Substanzen enthalten, wie beispielsweise Magermilch oder weißes Fleisch.
Auf jeden Fall ist daneben darauf zu achten, dass neben einer erhöhten Eiweißzufuhr dem Körper genügend Flüssigkeit zugeführt wird, damit allein schon eine Anhäufung von Endprodukten des Eiweißstoffwechsels vorgebeugt wird. Zugleich ist auf einen Mehrbedarf an Magnesium und Calcium zu achten.

Fette

Fett ist der Sammelbegriff für eine Vielzahl von chemischen Verbindungen, und es ist ebenso ein Energielieferant wie die Kohlenhydrate. Fette sind Träger der fettlöslichen Vitamine A, D, E und K, und sie liefern die essentiellen Fettsäuren. Für den Abbau von Fettsäuren wird mehr Sauerstoff benötigt als für den der Kohlenhydrate, so dass sich daraus ergibt, dass Fettsäuren besonders bei Muskelarbeit mit relativ geringer Intensität und langer Dauer von Bedeutung sind. Übersteigt jedoch die Zufuhr von Fett den körpereigenen Bedarf, so bildet der Körper Fettdepots. Deswegen ist im Ergebnis auf einen möglichst geringen Fettanteil in der Nahrung zu achten. Und wenn dem Körper schon Fett zugeführt wird, sollten eher pflanzliche Fette mit einem hohen Gehalt an mehrfach ungesättigten Fettsäuren bevorzugt werden, da damit einhergehend die essentiellen Fettsäuren aufgenommen werden, das leistungs- und gesundheitsfördernde Vitamin E enthalten ist und daneben kann den negativen Folgeerscheinungen der Zufuhr von gesättigten Fetten und Cholesterin entgegengewirkt werden. Es sollte deshalb auf Milchprodukte mit Magerstufe zurückgegriffen werden, dicke Soßen, fettes Fleisch, fette Wurst und Koch- und Bratfette sollten sehr sparsam eingesetzt werden.

Vitamine

Vitamine sind ebenso lebenswichtige Nährstoffe, da sie nur begrenzt im Körper aufgebaut werden können und somit über die Nahrung zugeführt werden müssen. Beteiligt sind die Vitamine vor allem am Stoffwechsel.
Unbestritten ist heutzutage, dass ein Kraftsportler aufgrund der Art des Trainings und der Art seiner Ernährung, vor allem durch den höheren Eiweißbedarf, auf eine erhöhte Zufuhr von Vitaminen des B- Komplexes, da speziell Vitamin B6, sowie eine erhöhte Zufuhr von Vitamin C und Vitamin E angewiesen ist.

Wasser und Mineralstoffe

Der menschliche Körper besteht zu 40 Prozent bis 70 Prozent aus Wasser, wobei dem Wasser lebenswichtige Funktionen zukommen, wie etwa als Lösungs- und Transportmittel, chemischer Reaktionspartner und vor allem die Beteiligung an der Wärmeregulation des Körpers. Speziell beim Schwitzen, das der Wärmeregulation des Körpers dient, geht dem Körper Wasser verloren, was jedoch gleichbedeutend ist mit einem Mineralienverlust. Zu den Aufgaben der Mineralien zählen unter anderem der Aufbau der Knochen und Zähne, die Erregungsübertragung in den Nerven sowie vom Nerv auf den Muskel und die Weiterleitung der Reize im Muskel oder die Beschleunigung von Stoffwechselvorgängen. Zudem haben die Mineralien Einfluss auf die Durchlässigkeit der Zellmembranen für

Wasser und andere wichtige Stoffe. Aus diesen Grundlagen ergibt sich, dass immer darauf zu achten ist, dem Körper genug Flüssigkeit in Verbindung mit Mineralien zuzuführen, am besten schon vor dem Auftreten von Durstgefühlen. Vorteilhaft sind dafür Mischungen aus Mineralwasser und Fruchtsäften. Gleichzeitig sollte darauf geachtet werden, die tägliche Flüssigkeitszufuhr im Bereich von zwei bis drei Litern zu halten.
Ein Tipp ist, auf einen halben Liter Mineralwasser eine Messerspitze Kochsalz zu mischen, da so dem Körper das bei längeren Belastungen lebenswichtige Natrium zugeführt wird, was wiederum die Aufgabe hat, Wasser in den Zellen und im Blut zu halten.

Energiestoffwechsel

Vorliegend soll ein grober Überblick zum Energiestoffwechsel geliefert werden, damit man nachvollziehen, wie die Energiegewinnung im Körper funktioniert und inwieweit eine gezielte Ernährung daran beteiligt ist.

Ganz zu Beginn einer körperlichen Belastung erhält die Muskulatur die benötigte Energie aus einem Stoff namens ATP(Adenosintriphosphat). ATP wird zu ADP(Adenosindiphosphat) und Phosphat (P) unter Freisetzung der Energie gespalten. ATP speichert der Körper in den Muskeln nur in äußerst geringen Mengen, so dass der Vorrat schon in den ersten drei Sekunden intensiver Muskelarbeit aufgebraucht ist. Dennoch benötigen die Muskeln für die Fortführung der intensiven Arbeit weiterhin ATP.
Durch Kreatinphosphat (KP) wird das für die Muskelkontraktion gebrauchte ATP wieder zur Verfügung gestellt, indem die energiereichen Phosphatgruppen des KP auf das ADP übertragen werden, so dass erneut ATP gebildet wird. Das Kreatinphosphat speichert der Körper in der Muskelzelle, und es liefert während intensiver Muskelarbeit für die ersten 10 Sekunden die benötigte

Energie. Dieser Zeitraum entspricht etwa der Ausführung von 2-4 schweren Wiederholungen. Diese Art der Energiegewinnung wird als anaerob bezeichnet,
das heißt ohne die Zufuhr von Sauerstoff. Dieser Zeitraum ist für das Herz-Kreislauf-System zu kurz bemessen, als dass es in der Lage wäre, Sauerstoff zu der Arbeitsmuskulatur zu liefern.
Nachdem auch das KP aufgebraucht ist, beginnt der Körper mit der Verwertung der Kohlenhydrate zur Energiegewinnung. Kohlenhydrate werden in den Muskeln und in der Leber in Form von Glucose gespeichert. In den nächsten 30 Sekunden der Belastung bekommen die Muskeln die nötige Energie zur Kontraktion aus dem in der Muskulatur gespeicherten Glykogen. Der Abbau von Kohlenhydraten zur Energiegewinnung wird als Glykolyse bezeichnet. Es fällt bei der Energiegewinnung durch die Verwertung des Muskelglykogens je nach Trainingsintensität eine mehr oder minder große Menge an Laktat an. Da die Milchsäure das "Brennen" in der Muskulatur verursacht, wird nun deutlich, dass es vor allem beim Training mit mittleren und höheren Wiederholungszahlen zum vorübergehenden Schmerz kommt.
Nach etwa 50 Sekunden Belastungsdauer erreicht der Sauerstoff über das Herz-Kreislauf-System die Muskelzellen. Es beginnt die aerobe Energiegewinnung, das heißt nun wird Sauerstoff zu Energiebereitstellung verwertet. Zunächst dienen weiterhin primär die Kohlenhydrate als Treibstofflieferant. Das eingelagerte Glykogen innerhalb der Muskulatur und der Leber wird unter dem Einfluss von Sauerstoff verbrannt (oxidiert). Dieser Vorgang findet im Plasma der Muskelzelle statt und wird auch als aerobe Glykolyse bezeichnet.
Neben der freigesetzten Energie entstehen auch Wasser und Kohlendioxid.
Die aerobe Glykolyse setzt also ungefähr nach einer Minute, nach Verbrauch der energiereichen Phosphate ATP und KP, ein und liefert dem Körper bei Fortsetzung der Belastung für die nächsten 20-25 Minuten die benötigte Energie. Nach diesem Zeitraum sind

dann auch die Kohlenhydratspeicher weitesgehend entleert. Nach einem Zeitraum von etwa 25 Minuten beginnt der Körper mit der Energiegewinnung durch seine Fettdepots. Besonders bei längeren aeroben Trainingseinheiten, die länger als eine Stunde dauern, werden verstärkt auch Proteine als Energielieferant genutzt.

Eine Woche vor dem Prüfungstag

Die letzte Woche vor dem Prüfungstag ist die Entscheidende, um am Prüfungstag auf den Punkt fit zu sein. Ab hier läuft der Ernährungscountdown.
Wichtig ist dabei die optimale Auffüllung der Glykogenreserven, da die Energieausbeute bei der Glykolyse am effektivsten ist.
Einerseits wird dadurch die Ausdauerleistung verbessert, zum anderen wird die Geschwindigkeit der Energiefreisetzung durch gut gefüllte Glykogenspeicher erhöht, was vor allem bei Schnellkraftfreisetzung von Bedeutung ist.
Auch bei Kraftanstrengungen profitiert man von umfangreichen Glykogenreserven. Deren Energiebereitstellung erfolgt zwar hauptsächlich durch ATP und KP, jedoch werden diese energiereichen Phosphatverbindungen durch den Abbau von Glykogen regeneriert.

Dementsprechend können die Glykogenspeicher bei gleichem Trainingszustand der Sportler und Prüflinge über Bestehen und Nichtbestehen des Sporttests entscheiden.

Auffüllen der Glykogenspeicher

Eine kohlenhydratreiche Ernährung vor dem Prüfungstag trägt zwar dazu bei die Glykogenspeicher zu füllen, aber man erreicht dadurch nicht die angestrebte Vergrößerung der Speicher. Mit der richtigen Strategie kann man jedoch die muskulären Glykogenspeicher um bis zu 60 Prozent vergrößern. Dabei gilt, den Körper behutsam mit mehr Kohlenhydraten zu füttern als normal üblich, ohne dabei unter dem Strich mehr Kalorien aufzunehmen. Dieser Vorgang wird als Carboloading bezeichnet.

Tage 6 und 5 vor dem Prüfungstag

Zu Beginn der Carboloading- Woche ist die tägliche Kohlenhydratzufuhr von normalerweise 4 bis 5 Gramm auf 7 bis 9 Gramm pro Kilo Körpergewicht zu erhöhen.
Man könnte beispielsweise 300 Gramm Nudeln extra essen, wobei grundsätzlich Vollkornprodukte am besten geeignet sind. Damit die Kalorienbilanz im Gleichgewicht bleibt, muss an den nächsten Tagen die Einnahme von fettem Essen unbedingt vermieden werden. Es sollte deshalb auf Butter oder Margarine verzichtet werden, man sollte sich bei Käse zurückhalten, und es sollte nur mageres Fleisch, am besten gegrillt oder gedünstet, verzehrt werden.

Die erhöhte Kohlenhydratzufuhr sollte die ganze Woche beibehalten werden. Am besten man plant täglich eine feste Zusatzportion in Form von Nudeln, Kartoffeln oder Reis ein. Besonders gut ist ungeschälter Naturreis, da die darin enthaltene Kieselsäure Sehnen und Bänder stärkt.

Tag 4 vor dem Prüfungstag

An diesem Tag sollte noch einmal 20 bis 30 Minuten Sport getrieben werden, um in der Muskulatur einen weiteren Reiz zur Kohlenhydrataufnahme zu setzen. Spätestens 30 Minuten nach Ende des Trainings sollte genau die Menge an Kohlenhydraten eingenommen werden, um die die Zufuhr zu Beginn der Carboloading- Woche erhöht wurde. Zu diesem Zweck darf ausnahmsweise auf schnell verdauliche Kohlenhydrate zurückgegriffen werden, wie sie beispielsweise in Rosinen, Obstsaft oder Laugengebäck enthalten sind. Daneben muss natürlich auf die übliche Kohlenhydratzufuhr wie bisher geachtet werden.

Tage 3 und 2 vor dem Prüfungstag

Man sollte weiterhin Nudeln, Reis oder Kartoffeln zu sich nehmen, daneben jeden Tag einen Salat mit Walnüssen, da der Körper somit noch zusätzlich Chrom und Kalium erhält, die er braucht, um Glykogen in den Muskeln einzulagern.
Falls gegen die erhöhte Kohlenhydratzufuhr langsam eine Abneigung entstehen sollte, kann auch auf Malzbier zurückgegriffen werden.

Tag 1 vor dem Prüfungstag

Am letzten Tag sollten zusätzlich Gemüsesorten verzehrt werden, die entzündungshemmende Bioflavonoide enthalten (Brokkoli, Endiviensalat, Zwiebeln). Diese neutralisieren so genannte freie Radikale, die bei Ausdauerbelastungen verstärkt gebildet werden und die Anfälligkeit für Muskelfaserrisse steigern.

Am Prüfungstag

Am Prüfungstag ist darauf zu achten, dass die letzte größere Mahlzeit vor der sportlichen Aktivität zwei bis drei Stunden zurückliegt.
Ein zu voller Magen behindert die Zwerchfellatmung, führt zu einer verstärkten Ansammlung von Blut im Verdauungstrakt und verhindert so die optimale Durchblutung der Muskeln.

Ein Start mit leerem Magen ist ebenso nicht empfehlenswert, da die mangelnde Aufnahme von Kohlenhydraten zu einem Absinken des Blutzuckerspiegels und in der Folge zur Herabsetzung der Leistungsfähigkeit führt.

Vorteilhafter ist es, Kohlenhydrate in Form von Lebensmitteln zu sich zu nehmen, die den Blutzuckerspiegel langsam aber kontinuierlich erhöhen.

Während der Prüfung

Zu beachten ist, dass ernährungsbedingte Fehler in der Vorbereitung am Prüfungstag nicht zu kompensieren sind. Die Vorbereitung ist also von entscheidender Bedeutung. Dies gilt vor allem bei Ausdauerleistungen, da die Nahrungsaufnahme während des Prüfungstages nicht oder unter erheblichen Zeitverlust möglich ist. Es sollte in den Pausen der verschiedenen Prüfungsdurchgänge daher darauf geachtet werden, dass der Verlust von Flüssigkeit, Mineralstoffen und Kohlenhydraten ausgeglichen wird. Dies kann in Form eines geeigneten Sportgetränkes sowie durch die Zufuhr leicht verdaulicher Kohlenhydrate wie Bananen erfolgen. Zudem bieten sich Energieriegel an, die man ungefähr stündlich zu sich nehmen kann.

Trinken

Sportliche Aktivitäten führen automatisch zum Schwitzen. Dieser Vorgang ist ein Schutz vor Überhitzung des Körpers. Durch die Verdunstung des Schweißes wird der Körper abgekühlt. Neben dem Wasser verliert der Körper auch wichtige Mineralstoffe, deren Verlust ebenfalls kompensiert werden sollten. Besonders dafür geeignet ist eine Mischung aus Mineralwasser und Fruchtsäften(Apfelsaftschorle). Das Mineralwasser liefert hauptsächlich Natrium, Chlorid und Calcium, Fruchtsäfte sind daneben gekennzeichnet durch einen hohen Kalium- und Magnesiumgehalt, gleichzeitig können durch den Kohlenhydratanteil in den Fruchtsäften können die aufgebrauchten Kohlenhydratreserven kompensiert werden. Es ist aber darauf zu achten, dass bei purem Fruchtsaft der Kohlenhydratanteil zu hoch ist, so dass das Getränk langsamer vom Körper aufgenommen werden kann. Ein Sportgetränk sollte in der Folge demnach in etwa einen 5%-igen Kohlenhydratanteil aufweisen, damit ausreichend Nährstoffe vorhanden sind, diese aber auch schnell vom Blut aufgenommen werden können.

Für Sportler ist zu empfehlen, während der körperlichen Betätigung alle 15- 20 Minuten ungefähr 100 bis 200ml Flüssigkeit zu sich zu nehmen, da ein Flüssigkeitsdefizit die Leistungsfähigkeit stark einschränken kann. Zu empfehlen ist eine Temperatur des Getränkes von 25 Grad, da sich sonst die Verweildauer im Magen verlängert.

2.6 Trainingsplan - Eine Anregung

Der aufmerksame Leser dürfte nach dem vorangegangenen Kapiteln nun das Wissen besitzen, um sich daraus einen passenden Trainingsplan zu erstellen. Ziel eines jeden Trainingsplans muss es sein, eine exzellente Allroundfitness zu erreichen.
Dennoch möchten wir eine Anregung für einen möglichen Trainingsplan geben, der alle wichtigen Elemente einer optimalen Vorbereitung enthält.

Dieser Plan ist auf drei Trainingstage aufgeteilt. Gerne kann dieser aber auch auf vier Tage erweitert werden, dies soll abhängig sein vom eigenen Ehrgeiz.
Zwei Tage davon sollen dem Muskeltraining gewidmet werden, der dritte Trainingstag sollte dann der Förderung der Ausdauer dienen.

Grundsätzlich sollte jedem Training ein leichtes Aufwärmtraining vorangestellt werden mit anschließendem leichten Stretching der einzelnen Muskelgruppen.
Für ein leichtes Aufwärmtraining eignet sich beispielsweise im Fitness- Studio eine 10minütige Einheit auf dem Fahrrad, Crosstrainer, Laufband oder einem Rudererergometer. Ansonsten eignet sich zum Aufwärmen jegliche Übung, in der der Kreislauf etwas angeregt wird und die Muskeln in Bewegung gesetzt werden, beispielsweise „Hampelmann“, Kniebeuge und Armkreisen.

Dann sollten die drei Hauptmuskelgruppen, Brust- Rücken- Beine, mit dem Training gestärkt werden.
Durch deren Training werden kleine Muskelgruppen mittrainiert, zudem sind diese Muskelgruppen diejenigen, die beim Eignungstest am meisten beansprucht werden.
Mit welcher Muskelgruppe begonnen wird, sei jedem selbst überlassen, zu beachten ist nur, dass ein Beintraining den Körper vermutlich am meisten beanspruchen wird, so dass dies am Ende eines Trainings absolviert werden sollte.

Es sollte demnach mit dem ***Brusttraining*** begonnen werden.
Als erstes sind Liegestütze bis zur Erschöpfung des Muskels durchzuführen. Das dient der Aufwärmung des Muskels und der Förderung von Kraft und Kraftausdauer. Liegestütze sind eine altbekannte und altbewährte Übung.
Sodann sollte zum Bankdrücken übergegangen werden. Zu beginnen ist stets mit dem Gewicht, das das jeweilige Bundesland in deren Eignungstest fordert. Die Muskeln sind in diesem Stadium noch relativ erholt, und der Trainierende sollte hierbei unbedingt an sein Limit gehen und probieren, sich bei jedem weiteren Training oder in jeder weiteren Woche zu steigern.
Im Anschluss empfehlen wir ein so genanntes Pyramidentraining. Dieses untergliedert sich in Übungssätze mit wenigen Wiederholungen(4-6 Wdh.), in denen somit die reine Kraft trainiert wird, dann Sätze im mittleren Wiederholungsbereich zur Steigerung der Muskelmasse(8-12 Wdh.) und dann Sätze im höheren Wiederholungsbereich zum Training der Kraftausdauer(15-25 Wdh.). In der Folge sollte dieses Prinzip bei den anderen Muskelgruppen ebenso durchgeführt werden. Der Vorteil dieser Art des Trainings besteht darin, dass alle Zielrichtungen, zu denen ein Muskel trainiert werden kann, enthalten sind, zudem alle Arten von Muskelkraft während des Eignungstests beansprucht werden und der Trainierende somit nicht nur eindimensional vorbereitet ist.

Anmerkungen zum Brusttraining

Der häufigste Fehler im Bankdrücken besteht darin, ein zu starkes Hohlkreuz auf der Bank zu machen. Um diesem Fehler entgegenzuwirken kann man beide Füße auf der Hantelbank abstellen, so dass der untere Rücken flach genug auf der Bank liegt.

Überschätzen Sie sich am Anfang nicht beim Bankdrücken. Vorteilhafter wäre es, wenn man einen Trainingspartner hat, der einem bei den letzten Wiederholungen unterstützen könnte.

Durch ein gezieltes Brusttraining werden neben den Brustmuskeln auch die Bauchmuskeln durch die Anspannung des Körpers sowie der Trizeps am Oberarm trainiert. Je enger die Handstellung, desto stärker wird der Trizeps gefordert.

Eine Variante bei den Liegestützen wäre es, die Füße auf eine Erhöhung abzulegen, so dass der obere Brustmuskel trainiert würde.

Nun folgt das ***Rückentraining***.
Hier sollte mit Klimmzügen begonnen werden, am besten mit zwei oder drei Sätzen. Auch hier gilt wieder die Übung bis zur Erschöpfung des Muskels durchzuführen, bei jedem weiteren Training gilt das Ziel der Steigerung. Sollten die Klimmzüge zu schwierig in der Durchführung sein, besteht in guten Fitness-Studios die Möglichkeit, Klimmzüge mit einer Art Gegengewicht als Hilfe durchzuführen.
Im Anschluss schlagen wir vor, dass zum Latziehen übergegangen wird und zwar auch wieder mit dem bereits erwähnten Pyramidensystem. Wichtig dabei ist immer eine gerade Haltung des Rückens.

(Breiter Klimmzug mit Gegengewicht)

(Enger Latzug an der Maschine)

Anmerkungen zum Rückentraining

Der häufigste Fehler beim Rückentraining ist, dass die Arme mehr Arbeit leisten müssen als die Rückenmuskeln. Um dem entgegenzuwirken sollten gerade bei Ruderbewegungen die Schulterblätter bewusst zusammengezogen werden.
Beim Latziehen könnte man die Zugstange entweder zur Brust ziehen oder hinter den Kopf in den Nacken ziehen.

Am Ende geht man dann zum ***Beintraining*** über.
Begonnen werden sollte auch hier mit einem Aufwärmsatz Kniebeugen ohne Gewichte. Der Trainierende geht tief in die Hocke und richtet sich wieder auf, ganz wichtig dabei ist, dass die Fersen bei der Übung ständig den Boden berühren und der Rücken bei der Ausführung gerade ist.
Daneben ist darauf zu achten, dass alle Beinmuskeln gut gedehnt sind, um jeglichen Verletzungsrisiko vorzubeugen.
Danach sind Übungen an der Beinpresse, für erfahrene Sportler unter Umständen Kniebeuge mit der Langhantel zu empfehlen.
Wir weisen jedoch ausdrücklich darauf hin, dass bei Kniebeugen mit der Langhantel ein hohes Fehlerpotential bei der Ausführung bestehen kann und als Folge das Verletzungsrisiko steigt. Bei dieser

Übung sollte auf jeden Fall auf professionelle Hilfe gebaut werden, bei der die Ausführung Stück für Stück erläutert wird.
Auch beim Beintraining ist das Pyramidensystem anzuwenden, mit der kleinen Variante, dass am Ende eines jeden Beintrainings ein „Powersatz“ mit 30-50 kontrollierten Wiederholungen durchzuführen ist. Dadurch werden die großen Beinmuskeln einer ungewohnten Belastung ausgesetzt, und dies fördert optimal die Kraftausdauer.

Beinpresse

Kniebeugen mit Langhantel

Anmerkungen zum Beintraining
Bei Kniebeugen ist darauf zu achten, dass beim Beugen der Beine die Knie von oben gesehen hinter den Fußspitzen gehalten werden, da ansonsten die Kniegelenke zu stark belastet würden. Man sollte sich bei der Ausführung vorstellen, dass man die Bewegung ausführt, als wolle man sich auf einen Stuhl setzen.

Falls Kniebeugen mit freien Gewichten nicht dem persönlichen Geschmack entsprechen, kann man auf die Beinpresse ausweichen. Um dabei eine Intensivierung zu erreichen, könnte man auch nur mit einem Bein trainieren.
Eine ganz andere Variante zum klassischen Beintraining wäre das Treppensteigen. Dabei sollte man dann beim Treppensteigen zwei Stufen auf einmal nehmen, als Steigerung könnte ein gefüllter Rucksack dienen

Zu guter Letzt sollten dann die ***Bauchmuskeln*** trainiert werden und zwar in der bekannten Form der Sit- ups oder Crunches mit wechselnder Geschwindigkeit und Intensität. Die gerade, schräge, obere und untere Bauchmuskulatur ist dabei zu trainieren.
Beim klassischen Crunch legt man sich mit dem Rücken auf den Boden, winkelt die Beine im rechten Winkel zur Hüfte an und bringt die Fingerspitzen an die Schläfen. Bei der Ausführung sollte man nicht mit den Händen hinter dem Kopf ziehen, es ist ausreichend, dass nur die Schulterblätter vom Boden abheben, der Blick sollte zur Decke zeigen und der Kopf so gehalten werden, dass man zwischen Kinn und Brust einen Tennisball halten könnte.

Anmerkungen zum Bauchtraining
Ein starker Bauch dient der aufrechten Haltung, gleichzeitig der Entlastung der Wirbelsäule und somit der Prävention gegen Rückenbeschwerden. Daneben stabilisieren die Bauchmuskeln den

Rumpf, der wiederum unterstützend wirkt für alle Bewegungen der Extremitäten.
Die Bauchübungen sollten so langsam ausgeführt werden, dass man bei einer Wiederholungszahl von 10 bis 12 die Leistungsgrenze erreicht. Dabei sind die Muskeln immer unter Spannung zu halten. In einer Pausenzeit von 48 Stunden zwischen den Baucheinheiten wächst der Muskel optimal.

Am folgenden Tag ist eine Trainingspause einzulegen, damit die Muskeln sich erholen können.

Am darauf folgenden Tag ist nun der ***Ausdauerteil*** zu absolvieren. Hier gilt es, die vorgegebenen Distanzen in den bestmöglichen Zeiten zu erreichen.
Der Ausdauerteil sollte wiederum aus zwei Teilen bestehen. Ein Ausdauertrainingstag sollte dafür genutzt werden, um das oben beschriebene Intervalltraining durchzuführen. Am darauf folgenden Ausdauertrainingstag(4.Trainingstag der Woche oder nächste Ausdauereinheit in der 2.Trainingswoche) ist dann ein Ausdauerparcours zu absolvieren, der im Folgenden beschrieben wird.
Dieser Parcours wiederum enthält Kraftausdauer- und Ausdauerelemente, die kombiniert werden und der Prüfungsbelastung sehr nahe kommen.

Der Parcours sollte wie folgt durchgeführt werden.
Der Trainierende beginnt mit einer Kniebeuge, läuft eine Strecke von 10 Metern, absolviert wieder eine Kniebeuge, läuft die 10 Meter wieder zurück und absolviert nun zwei Kniebeugen, rennt wieder 10 Meter und macht wieder zwei Kniebeugen. Dies sollte durchgeführt werden, bis zu einer Wiederholungszahl von zehn. Jetzt werden diese Übungen von zehn abwärts wiederholt. Das bedeutet nach den letzten 10 Kniebeugen, 10 Meter laufen, 9 Kniebeugen ausführen, 10 Meter laufen, 9 Kniebeugen wiederholen

und das ganze wieder herunterzählen bis zu einer Wiederholung. Eine Variante zur Kniebeuge wäre der Sprung aus dem Stand. Eine Steigerung könnte die Übung erfahren, wenn man erst eine Kniebeuge macht, dann den Standsprung und dann die 10 Meter läuft.
Dieses ganze Trainingsprinzip sollte dann auch mit Liegestützen und Sit- ups durchtrainiert werden.

Und eins sei in diesem Zusammenhang erwähnt. Diese Trainingseinheit ist knüppelhart, anstrengend und kräftezehrend. Aber sie wirkt Wunder, fördert immens die Ausdauer und die Kraftausdauer, und sie ist eine Abwechslung vom monotonen Laufen.

Der nächste Tag ist wieder ein Pausentag, am folgenden Tag sollte das Programm des ersten Tages wiederholt werden.

1. und 3. Trainingstag

Aufwärmen- Stretching

A. BRUST

Liegestütze Bankdrücken	2 Sätze 1.Satz:Prüfungsgewicht 2.Satz: 4-6 Wdh. 3.Satz: 8-12 Wdh. 4.Satz: 15-25 Wdh.

B. RÜCKEN

Klimmzüge Latziehen	2 Sätze 1.Satz: Aufwärmen 2.Satz: 4- 6 Wdh. 3.Satz: 8-12 Wdh. 4.Satz: 15- 25 Wdh.

C. BEINE

Kniebeuge/ Beinpresse	1.Satz: Aufwärmen ohne Gewicht 2.Satz: 4- 6 Wdh. 3.Satz: 8-12 Wdh. 4.Satz: 15- 25 Wdh. 5. Satz: Powersatz 30- 50 Wdh.

D. BAUCH

Sit- ups/ Crunches	Je 2 Sätze gerade/ schräge/ obere/ untere Bauchmuskeln

2.Trainingstag(ggf. auch 4.Trainingstag)

Laufen
Ausdauerparcours

Für Fortgeschrittene: Pyramidentabelle fürs Bankdrücken

X	40	42,5	45	47,5	50	52,5	55	57,5	60	62,5	65	67,5	70	72,5	75	77,5
12	27,5	30	32,5	32,5	35	37,5	37,5	40	42,5	45	45	47,5	50	50	52,5	55
6	32,5	35	35	37,5	40	42,5	45	45	47,5	50	52,5	55	55	57,5	60	62,5
8	30	32,5	32,5	35	37,5	40	40	42,5	45	47,5	50	50	52,5	55	55	57,5
4	35	37,5	37,5	40	42,5	45	47,5	50	50	55	55	57,5	60	62,5	62,5	65
6	30	32,5	32,5	35	37,5	40	40	42,5	45	47,5	50	50	52,5	55	55	57,5
5	35,5	35	35	37,5	40	42,5	45	45	47,5	50	52,5	55	55	57,5	60	62,5
9	27,5	30	32,5	32,5	35	37,5	37,5	40	42,5	45	45	47,5	50	50	52,5	55

Um maximal das Gewicht drücken zu können, das in der x- Spalte steht, müsste die darunter stehende Spalte durchtrainiert werden. Die Zahlen der linken Spalte stellen die Wiederholungszahl dar.

3. Die Einstellungstests der Bundesländer

Die folgenden Tabellen enthalten die sportlichen Anforderungen der jeweiligen Bundesländer. Aufgeführt sind die *„minimalen“* Anforderungen, welche zum Bestehen des Einstellungstests erreicht werden müssen und die *„maximalen“* Anforderungen, welche die bestmögliche Bewertungspunktzahl garantieren. Bei den aufgeführten Leistungsanforderungen handelt es sich zum Teil nur um Richtwerte. Alle Angaben ohne Gewähr.

3.1 Einstellungstest Hessen

Im Bundesland Hessen setzt sich der Sporttest aus **vier Disziplinen** zusammen. In jeder Disziplin muss eine Mindestpunktzahl erreicht werden. Männliche und weibliche Bewerber werden unterschiedlich bewertet.

Geprüfte Disziplin	**Damen (minimal)**	**Damen (maximal)**	**Herren (minimal)**	**Herren (maximal)**
Achterlauf	80,4 Sekunden	70,2 Sekunden	69,6 Sekunden	57,2 Sekunden
Bankdrücken	13 Wdh. / 20kg	26 Wdh. / 20kg	17 Wdh. / 30kg	40 Wdh. / 30kg
Fünfer Sprunglauf	8,73 Meter	10,58 Meter	9,90 Meter	12,21 Meter
Wendelauf	2,47 Minuten	2,35 Minuten	2,30 Minuten	2,13 Minuten

3.2 Einstellungstest Saarland

Im Bundesland Saarland setzt sich der Test aus **drei Einzeldisziplinen** und einem *Circuit-Test* (Zirkeltraining) zusammen. Der Test gilt als bestanden, wenn die drei Einzelübungen im Schnitt mit ausreichend bewertet wurden. Beim Circuit-Test muss an jeder Station mindestens eine Übung gültig durchgeführt und mit ausreichend (4,0) bewertet werden (Siehe hierzu Punktetabelle unten).

Geprüfte Disziplin	**Damen (minimal)**	**Damen (maximal)**	**Herren (minimal)**	**Herren (maximal)**
Standweitsprung	1,85-1,89 Meter	ab 2,29 Meter	2,25-2,29 Meter	ab 2,69 Meter
Wendelauf (4 x 10 Meter)	11,2-11,4 Sekunden	ab 9,6 Sekunden	10,6-10,8 Sekunden	ab 9,0 Sekunden
Kasten-Bumerang-Test	21,1-21,8 Sekunden	ab 17,0 Sekunden	17,1-17,6 Sekunden	ab 14,0 Sekunden
Circuit-Test*	96-103 Punkte	ab 151 Punkte	100-108 Punkte	ab 160 Punkte
- Klimmzüge	2 Punkte	je	gültiger	Wdh.
- Schnursprünge	1 Punkt	je	zwei	Wdh.
- Rumpfbeugen	1 Punkt	je	gültiger	Wdh.
- Hockwende	1 Punkt	je	gültiger	Wdh.
- Liegestütze	1 Punkt	je	gültiger	Wdh.
- Schlängellauf	4 Punkte	je	gültigem	Lauf

3.3 Einstellungstest Baden-Würtemberg

Im Bundesland Baden-Würtemberg setzt sich das sportliche Eignungsauswahlverfahren aus **drei Einzeldisziplinen**. Gefordert wird von den Bewerbern ein *Koordinationstest*, der hier dem in Kapitel 1 genannten Kasten-Bumerang-Test entspricht. Weiter müssen ein *Schnelligkeitstest* und ein *Ausdauertest* absolviert werden. Beim Schnelligkeitstest muss eine 70 Meter lange Strecke um Hindernisse herum durchlaufen werden. Der Ausdauertest entspricht dem in Kapitel 1 vorgestellten Cooper-Test.

Geprüfte Disziplin	**Damen (minimal)**	**Damen (maximal)**	**Herren (minimal)**	**Herren (maximal)**
Koordinationstest (Kasten-Bumerang)	21,0 Sekunden	ab 17,0 Sekunden	17,0 Sekunden	ab 14,0 Sekunden
Schnelligkeitstest (Hindernislauf)	15,0 Sekunden	ab 13,2 Sekunden	13,2 Sekunden	ab 11,0 Sekunden
Ausdauertest (Cooper-Test)	2100 Meter	ab 2500 Meter	2600 Meter	ab 2900 Meter

3.4 Einstellungstest Bayern

Im Bundesland Bayern setzt sich das sportliche Auswahlverfahren aus den **fünf Einzeldisziplinen** *Sit-ups, Bankdrücken, Pendellauf, Cooper-Test und Schwimmen*, sowie einer Übung zusammen, in der die Bewerber möglichst viele *Sprünge über eine ca. 30 Zentimeter hohe Kleinbank* absolvieren müssen. Abschließend werden die Gesamtpunkte addiert. Um zu bestehen müssen in jeder Einzeldisziplin mind. ausreichende Ergebnisse erreicht werden.

Geprüfte Disziplin	**Damen (minimal)**	**Damen (maximal)**	**Herren (minimal)**	**Herren (maximal)**
Sit-ups	13-15 Wdh.	ab 23 Wdh.	14-17 Wdh.	ab 26 Wdh.
Bankdrücken (45-60% KG*)	9-12 Wdh. (45%KG*)	ab 21 Wdh. (45%KG*)	9-12 Wdh. (60%KG*)	ab 21 Wdh. (60%KG*)
Pendellauf (Abstand 10 Meter)	30,0 Sekunden	ab 27,9 Sekunden	27,0 Sekunden	ab 24,9 Sekunden
Cooper-Test (12 Minuten)	2000 Meter	ab 2500 Meter	2300 Meter	ab 2900 Meter
Springen über Kleinbank (30cm)	38 Wdh.	ab 50 Wdh.	42 Wdh.	ab 54 Wdh.
Schwimmen (100 Meter Freistil)	*maximal*	2:45 Minuten	*maximal*	2:45 Minuten
***KG = Körpergewicht**				

3.5 Einstellungstest Thüringen

Der Einstellungstest im Bundesland Thüringen beinhaltet **vier Einzeldisziplinen**. Gefordert werden der Dreiersprung („Dreierhopp“), ein Pendellauf („Linienlauf“), Liegestütze und ein Ausdauertest auf dem Laufband. Die Disziplinen erfassen die sportmotorischen Fähigkeiten *Ausdauer, Kraft, Schnelligkeit, Beweglichkeit* und *Koordination.* Bewertet wird nach einem Punktesystem (Schulnotenprinzip).

Geprüfte Disziplin	**Damen (minimal)**	**Damen (maximal)**	**Herren (minimal)**	**Herren (maximal)**
Dreiersprung / Dreierhopp	4,80 Meter	ab 6,00 Meter	5,90 Meter	ab 7,25 Meter
Pendellauf / Linienlauf (10x9m)	28,0 Sekunden	ab 25,0 Sekunden	26,0 Sekunden	ab 23,0 Sekunden
Liegestütze	10 Wdh.	ab 25 Wdh.	27 Wdh.	ab 48 Wdh.
Ausdauertest / Laufband	14 min. (8km/h)	ab 17 min. (8km/h)	14 min. (10 km/h)	17 min. (10 km/h)

3.6 Einstellungstest Sachsen

Im Bundesland Sachsen werden im Rahmen des physischen Eignungstests **drei Disziplinen** gefordert, welche zum Bestehen alle mindestens mit den unten aufgeführten, minimalen Ergebnissen absolviert werden müssen. Der Test setzt sich aus einem *Kasten-Bumerang-Test, Liegestützen* und dem klassischen *Cooper-Test* zusammen.

Geprüfte Disziplin	**Damen (minimal)**	**Damen (maximal)**	**Herren (minimal)**	**Herren (maximal)**
Kasten-Bumerang-Test (60 Sekunden)	9 Kastenteile	entspricht 3 Runden	9 Kastenteile	entspricht 3 Runden
Liegestütze	25 Wdh.	ab 40 Wdh.	30 Wdh.	ab 45 Wdh.
Cooper-Test (12 Minuten)	2000 Meter	ab 2500 Meter	2400 Meter	ab 3000 Meter

3.7 Einstellungstest Sachsen-Anhalt

Das Bundesland Sachsen-Anhalt fordert von den Bewerbern ausreichende Leistungen in **fünf Disziplinen**, die sich aus einem *Wendelauf, Klimmzügen,* dem *Standweitsprung*, dem klassischen *Cooper-Test* und dem *Kasten-Bumerang-Test* zusammensetzen.

Geprüfte Disziplin	**Damen (minimal)**	**Damen (maximal)**	**Herren (minimal)**	**Herren (maximal)**
Wendelauf (4x 10 Meter)	11,2 - 11,4 Sekunden	ab 9,6 Sekunden	10,6 - 10,8 Sekunden	ab 9,0 Sekunden
Klimmzüge (Varianten*)	9 - 10 Wdh.	ab 21 Wdh.	4 Wdh.	ab 14 Wdh.
Standweitsprung	1,85 - 1,89 Meter	ab 2,29 Meter	2,25 - 2,29 Meter	ab 2,69 Meter
Kasten-Bumerang-Test	21,1 - 21,8 Sekunden	unter 17,0 Sekunden	17,1 - 17,6 Sekunden	unter 14,0 Sekunden
Cooper-Test (12 Minuten)	2050 - 2249 Meter	ab 3050 Meter	2550 - 2749 Meter	ab 3650 Meter
*Variante Damen = aus Schrägliegehang				
*Variante Herren = aus Streckhang				

3.8 Einstellungstest Brandenburg

Im Bundesland Brandenburg besteht der sportliche Einstellungstest aus insgesamt **fünf Einzeldisziplinen**, wobei zwischen männlichen und weiblichen Bewerbern teilweise unterschiedliche Disziplinen absolviert werden müssen. Außerdem werden bei der Bewertung zum Teil Unterschiede bezüglich des Lebensalters der Bewerber gemacht.

Geprüfte Disziplin	**Damen (minimal)**	**Damen (maximal)**	**Herren (minimal)**	**Herren (maximal)**
Klimmzüge (nur Männer)	***kein Prüfungsteil***	***kein Prüfungsteil***	3 Wdh.	ab 12 Wdh.
Liegestütze (nur Frauen)	10 Wdh.	ab 25 Wdh.	***kein Prüfungsteil***	***kein Prüfungsteil***
Dreiersprung / Dre erhopp	5,30 Meter	ab 6,30 Meter	6,30 Meter	ab 7,30 Meter
Pendellauf (4x 18 Meter)	18,5 Sekunden	*ohne Angabe*	16,5 Sekunden	*ohne Angabe*
Ausdauerlauf (20C0 Meter)	11:20 Minuten	***bis 29 Jahre***	9:20 Minuten	***bis 29 Jahre***
	11:50 Minuten	***ab 30 Jahre***	9:50 Minuten	***Ab 29 Jahre***
Schwimmen	Schwimm abzeichen*	***Silber***	Schwimm abzeichen*	***Silber***
*** darf nicht älter als 3 Jahre sein !**				

3.9 Einstellungstest Berlin

Der sportliche Einstellungstest im Bundesland Berlin besteht im Gegensatz zu den Einstellungstests der meisten anderen Bundesländer aus nur **zwei Disziplinen**. Die Bewerber müssen einen Hindernisparcours mit insgesamt *6 Stationen* durchlaufen, bei denen Geschicklichkeit, Beweglichkeit und Ausdauer getestet werden. Nacheinander müssen mehrere Hindernisse überwunden und sowohl eine Vorwärtsrolle als auch eine Rückwärtsrolle absolviert werden. Abschließend muss eine 1,80 Meter hohe Holzwand überwunden werden. Die Bewertung erfolgt nach einem eigenen Bewertungssystem und ist an die Anforderungen des Polizeidienstes angepasst. Neben dem Hindernisparcours wird außerdem ein Ausdauertest in Form eines 2000-Meter-Laufes gefordert.

Geprüfte Disziplin	**Damen (minimal)**	**Damen (maximal)**	**Herren (minimal.)**	**Herren (maximal)**
Ausdauerlauf (2000 Meter)	11:20 Min.	ab 9:20 Min.	9:20 Min.	ab 7:30 Min.
Hindernisparcours*				
- Querpferd überwinden				
- Parallelbarren				
- Stufenbarren unterschwingen				
- Rollen vorwärts + rückwärts				
- Sprung über Bock				
- Überwinden einer Holzwand (1,80m)				

3.10 Einstellungstest Mecklenburg-Vorpommern

Der sportliche Einstellungstest in Mecklenburg-Vorpommern setzt sich aus **drei Einzeldisziplinen** und einem separaten Konditionstest in Form eines Hindernisparcours zusammen. Die Einzeldisziplinen bestehen aus einem Wendelauf, einem Dreiersprung / Dreierhopp und einer Kraftübung, die Klimmzüge im Schrägliegehang fordert. Außerdem ist ein Hindernisparcours auf Zeit zu durchlaufen. Man kann schlechter durchgeführte Disziplinen durch bessere Leistungen in einer anderen Disziplin ausgleichen. Insgesamt muss der Sporttest mit der Gesamtnote 4 (ausreichend) absolviert werden um zu bestehen. (Genaue Bewertungstabellen unter: www.polizei.mvnet.de)

Geprüfte Disziplin	**Damen (minimal)**	**Damen (maximal)**	**Herren (minimal)**	**Herren (maximal)**
Wendelauf (4x10 Meter)	11,10 Sekunden	9,60 Sekunden	10,50 Sekunden	9,00 Sekunden
Dreiersprung / Dreierhopp*	10,20 Meter	12,00 Meter	12,40 Meter	15,00 Meter
Klimmzüge im Schrägliegehang	10 Wdh.	18 Wdh.	17 Wdh.	25 Wdh.
Konditionstest	3:27 Minuten	2:55 Minuten	3:02 Minuten	2:30 Minuten
- Slalomlauf				
- Überwinden eines Schrägkastens				
- Rolle vorwärts und rückwärts				
- Durchkriechen von 2 Turnhockern				
- Überspringen von 3 Kastenteilen				
- Überwinden des Stufenbarrens				

*Beim Dreiersprung /Dreierhopp werden die weitesten Sprünge aus je zwei Versuchen bewertet und die Distanzen der Sprünge addiert.

3.11 Einstellungstest Schleswig-Holstein

Der sportliche Einstellungstest im Bundesland Schleswig-Holstein besteht entgegen den Einstellungstests der anderen Bundesländer ausschließlich aus einem Hindernisparcours, den die Bewerber in möglichst kurzer Zeit durchlaufen müssen. Getestet werden Geschicklichkeit und Ausdauer. Der 100 Meter Lange Parcours beinhaltet insgesamt fünf Hindernisse und muss vier Mal nacheinander durchlaufen werden (Gesamtstrecke 400 Meter).
Während des Laufes muss an zwei Stellen ein 1,10 Meter hohes Hindernis überwunden werden. Außerdem müssen zwei Sprossenwende durchklettert und aus dem Lauf heraus eine Vorwärtsrolle absolviert werden.

Geprüfte Disziplin	**Damen (minimal.)**	**Damen (maximal)**	**Herren (minimal.)**	**Herren (maximal)**
Hindernisparcours	2:50 Minuten	*keine Angaben*	2:30 Minuten	*keine Angaben*
- Hindernis überwinden (1,10m)				
- Sprossenwände durchklettern				
- Hindernis überwinden (1,10m)				
- Vorwärtsrolle aus dem Lauf				

3.12 Einstellungstest Hamburg

Das Bundesland Hamburg fordert von den Bewerbern sportliche Leistungen in **5 Einzeldisziplinen**. Neben einem *Wendelauf, Klimmzügen* und dem *Standweitsprung* müssen auch ein klassischer *Kasten-Bumerang-Test* und ein *Coopertest* durchlaufen werden.

Geprüfte Disziplin	Damen (minimal)	Damen (maximal)	Herren (minimal)	Herren (maximal)
Wendelauf / Pendellauf (4x 10m)				
Klimmzüge				
Standweitsprung				
Kasten-Bumerang-Test				
Cooper-Test				

Genauere Informationen über die zu erbringenden Leistungsanforderungen müssen direkt bei der Behörde angefordert werden!

3.13 Einstellungstest Bremen

Im Bundesland Bremen müssen die Bewerber **3 Einzeltests** absolvieren, in denen die *Sprintleistung*, die allgemeine *Kondition* und *Geschicklichkeit* sowie die *Ausdauerleistung* einzeln bewertet werden. Sind in einem der drei Abschnitte schlechtere Leistungen erbracht worden, so können diese durch bessere Leistungen in einem anderen Teil ausgeglichen werden. Allerdings muss bei jedem Test eine Mindestpunktzahl erreicht werden.

Geprüfte Disziplin	**Damen (minimal)**	**Damen (maximal)**	**Herren (minimal)**	**Herren (maximal)**
Sprinttest (Distanz: 35 Meter)	6,0 Sekunden	5,0 Sekunden	5,5 Sekunden	4,5 Sekunden
Konditionstest (Parcours)	2:05 Minuten	1:15 Minuten	1:45 Minuten	0:55 Minuten
- Hindernis überwinden (1,80m)				
- Unterschwung am Stufenbarren				
- Balancieren mit Medizinball				
- Grätsche über Bock (mit Sprungbrett)				
- Slalomlauf				
- Hindernisse durchkriechen				
- Bankdrücken auf Augenhöhe				
Ausdauerlauf (7:30 Minuten)	1350 Meter	ab 2250 Meter	1620 Meter	ab 2520 Meter

3.14 Einstellungstest Niedersachsen

Bewerber im Bundesland Niedersachsen erwartet ein sportlicher Einstellungstest mit **4 Einzeldisziplinen**. Neben *Wendelauf*, *Liegestütze* und *Kasten-Bumerang-Test* muss ein *3000-Meter-Lauf* absolviert werden. Die Einzelübungen werden nach dem Schulnotensystem von 1 bis 6 bewertet, wobei der Gesamtdurchschnitt mindesten 4,0 betragen muss um zu bestehen.

Geprüfte Disziplin	**Damen (minimal)**	**Damen (maximal)**	**Herren (minimal)**	**Herren (maximal)**
Wendelauf / Pendellauf (4x15m)	17,0 - 17,3 Sekunden	ab 14,9 Sekunden	15,8 - 16,1 Sekunden	ab 13,7 Sekunden
Liegestütze	10-14 Wdh.	ab 38 Wdh.	20-24 Wdh.	ab 58 Wdh.
Kasten-Bumerang-Test	20,0 - 20,7 Sekunden	ab 15,9 Sekunden	16,6 - 17,1 Sekunden	ab 13,5 Sekunden
Ausdauerlauf (3000 Meter)	17:31-18:30 Min.	ab 15:00 Min.	14:31-15:30 Min.	ab 12:00 Min.

3.15 Einstellungstest Nordrhein-Westfalen

Der sportliche Einstellungstest für Bewerber des Bundeslandes Nordrhein-Westfalen findet entgegen allen anderen Bundesländern nicht bei der Polizei selbst statt. Hier wird vor der Einstellung das **Deutsche Sportabzeichen** gefordert, dass bei Bewerbung ***nicht älter als 6 Monate*** sein darf. Außerdem muss von den Bewerbern das **Deutsche Rettungsschwimmerabzeichen** mindestens in ***Bronze*** und ***nicht älter als 12 Monate*** nachgewiesen werden.

Die Leistungen des Deutschen Sportabzeichens müssen mit ausreichender Bewertung der **5 Hauptgruppen** bestanden sein und könnten beispielsweise wie folgt aussehen:

Deutsches Sportabzeichen	**Damen (minimal)**	**Damen (maximal)**	**Herren (minimal)**	**Herren (maximal)**
Schwimmen (200 Meter)	7:00 Minuten	*ohne Angabe*	6:00 Minuten	*ohne Angabe*
Weitsprung (Sandgrube)	3,50 Meter	*ohne Angabe*	4,50 Meter	*ohne Angabe*
Sprinttest (100-Meter-Lauf)	16,0 Sekunden	*ohne Angabe*	13,6 Sekunden	*ohne Angabe*
Kugelstoßen	6,50 Meter (4,00kg)	*ohne Angabe*	8,00 Meter (7,26kg)	*ohne Angabe*
Ausdauerlauf (3000-Meter-Lauf)	18:30 Minuten	*ohne Angabe*	13:00 Minuten	*ohne Angabe*
Rettungsschwimmer Infos: *www.dlrg.de*				

3.16 Einstellungstest Rheinland-Pfalz

Das Bundesland Rheinland-Pfalz prüft seine Bewerber in insgesamt **3 Einzeldisziplinen**, wobei neben einem *Wendelauf* und dem klassischen *Cooper-Test* auch ein *Hindernisparcours* zu bewältigen ist. Bei diesem Hindernisparcours sind *9 Stationen* in möglichst geringer Zeit zu durchlaufen, bei denen Geschicklichkeit, Koordinationsvermögen und Ausdauer getestet werden. Der Parcours ist zweimal zu durchlaufen, die Gesamtzeit wird gewertet.

Geprüfte Disziplin	**Damen (minimal)**	**Damen (maximal)**	**Herren (minimal)**	**Herren (maximal)**
Wendelauf / Pendellauf (4x20m)	19,9 Sekunden	*ohne Angaben*	17,5 Sekunden	*ohne Angaben*
Cooper-Test (12 Minuten)	2000 Meter	ab 2500 Meter	2400 Meter	ab 3000 Meter
Hindernisparcours	2:55 Minuten	*(2 Runden)*	2:00 Minuten	*(2 Runden)*
- Vorwärtsrolle				
- Überwinden von Hindernissen				
- Durchkriechen von Hindernissen				
- Slalomlauf				
- Sprünge über Hindernisse				
- Aufrichten eines Gewichts				

3.17 Einstellungstest der Bundespolizei

Das sportliche Eignungsauswahlverfahren (EAV) der Bundespolizei besteht aus 4 Einzeldisziplinen, die von den Bewerbern mit mindestens ausreichenden Leistungen absolviert werden müssen. Werden in mehr als einer Disziplin ungenügende Leistungen erbracht, scheidet der Bewerber automatisch aus. Die Inhalte im Eignungsauswahlverfahren sind neben *Liegestütze* und *Standweitsprung* auch der *Kasten-Bumerang-Test* und der klassische *Cooper-Test.*

Geprüfte Disziplin	**Damen (minimal.)**	**Damen (maximal)**	**Herren (minimal.)**	**Herren (maximal)**
Standweitsprung	1,70m bis 1,80m	*ohne Angaben*	2,10m bis 2,20 m	*ohne Angaben*
Liegestütze	10 bis 12 Wdh.	*ohne Angaben*	18 bis 19 Wdh.	*ohne Angaben*
Kasten-Bumerang-Test	21,0 bis 22,0 sec.	*ohne Angaben*	18,0 bis 19,0 sec.	*ohne Angaben*
Cooper-Test (12 Minuten)	2000 Meter	2500 Meter	2400 Meter	3000 Meter

4. Schlusswort

Wir wünschen nun allen Bewerbern viel Erfolg beim Bestehen der Eignungstests.

Bei Kritik, Verbesserungsvorschlägen, Anregungen und Fragen schreiben Sie uns gerne eine Email.

In naher Zukunft möchten wir zusätzlich noch ein Seminar anbieten, in dem alle sportprüfungsrelevanten Aspekte vermittelt, individuelle Trainingspläne ausgearbeitet und die Bewerber optimal auf den Sporttest vorbereitet werden.
Bitte kontaktieren Sie uns auch hier, wenn dafür von Ihrer Seite Interesse besteht.

team@einstellungstest-polizei.info

5. Danksagung

Dank gebührt Herrn Sifu Thomas Krack für die freundliche Unterstützung, für alle guten Ratschläge und für die ständige Inspiration und Hilfe.
www.kampfsport-fulda.de

Die Verfasser bedanken sich bei Herrn Andreas Hartmann für die freundliche Bereitstellung der Räumlichkeiten.
www.fitness-insel.de

Ebenso danken wir dem Landkreis Fulda für die freundliche Unterstützung.
www.landkreis-fulda.de

6. Literaturverzeichnis

Dahmen, Benno: Optimale Ernährung für Krafttraining und Bodybuilding, Falken 1993

Hamm, Michael, Die richtige Ernährung für Sportler, Riva, 2009

Hartmann, Jürgen/ Tünnemann, Harold: Modernes Krafttraining, Sportverlag Berlin, 1994

King,I./ Schuler, L.: Das Kraftpaket – Das große Buch der Muskeln, Rowohlt, 2004

Kofranyi, E./ Wirths, Willi: Einführung in die Ernährungslehre, Umschau Buchverlag, 2007

Lang, Konrad: Biochemie der Ernährung, Steinkopff- Verlag, 1997

Marquardt, M./ Gustafsson, B./ Loeffelholz von, Ch.: Die Laufbibel Spomedis, 2010

Schlieper, Cornelia A.: Grundfragen der Ernährung, Handwerk und Technik, 2007

Schnabel, G./ Harre, D./ Krug, J.: Trainingswissenschaft. Leistung. Training. Wettkampf, Sportverlag, 2005

Zintl, F./ Eisenhut, A.: Ausdauertraining: Grundlagen- Methoden-Trainingssteuerung, Blv, 2009

Wir wünschen Ihnen viel Erfolg für Ihre Bewerbung bei der Polizei!

Raum für eigene Notizen